吕思勉文集

中国近代史（下）

吕思勉 著

吉林人民出版社

第五章　汉族的光复运动

第一节　太平天国以前诸秘密结社的活动

民族主义，总是要经过相当的期间，遂能光昌的。中国的受异族压制，实起于五胡乱华之时。其时距民国纪元业已1600余年，然此时的异族，都是久经附塞，或入居塞内的降夷，濡染中国的文化已久，所以其人颇思攀附汉族以为荣，亦有能诚心接受汉族的文化的。其民族意识不显著。至北宋之末，女真兴起而其情势一变，读《金世宗本纪》可见自辽以前的异族，无不自托于汉族胄裔的。如拓跋氏自称黄帝之后，宇文氏自称炎帝之后，金以后就无此事了。又如后魏孝文帝，模仿汉族的文化，不能谓其无诚意。金世宗却竭力保存女真的旧风。两两对照，殊有趣味。此全由其前此与汉族交接的多少，受汉族文化熏陶的深浅而异。此时距民国纪元亦已800余年。因（一）中国素以平天下为最高的理想。（二）又此等异族的文化，远低于中国，入据中原以后，治法文化，都不能不采用中国之旧。所以还不能十分激起我们的民族主义。然中国人的思想亦渐非昔比了。试看南宋以后，攘夷之论之昌盛，便可见得其后元、清两代，相继入据中原，沦陷的范围，又较女真入据时为广。清朝对待汉人的手段，尤为阴鸷。中国人的民族主义，亦即随之而潜滋暗长，日益发达。此中有两种迹象可见，其

（一）为士大夫的誓死不屈，如宋末的郑思肖，明末的顾炎武、王夫之等是。其（二）为民间的秘密结社。士大夫只能指挥谋划，而不能为直接的行动，所以轰轰烈烈的行为，转多出于下层社会中人。

宗教本为结合下层社会，以谋革命的工具。历代借此号召的，都不过与恶政治反抗，或者带些均贫富的思想如宋代的杨幺。见朱希祖《杨幺事迹考证》，商务印书馆本。到异族入据后，就含有民族主义的成分了，如元末的白莲教便是。专制时代，以君主为国家的代表，而前代的国家，大抵是一个民族的结合。所以白莲教徒所推戴的韩山童，要冒充宋徽宗的八世孙。明朝熹宗天启年间，白莲教徒亦曾起而为乱，就没有这等话头了。到清朝却又和元朝一样。清世宗雍正七年（1729）上谕云："从前康熙年间，各处奸徒窃发，动辄以朱三太子为名，如一念和尚、朱一贵者，指不胜屈。近日尚有山东人张玉，假称朱姓，托于明之后裔，遇星士推算，有帝王之命，以此希冀鼓惑愚民。现被步军统领衙门拿获究问。从来异姓先后继统，前朝之宗姓，臣服于后代者甚多。否则，隐匿姓名，伏处草野。从未有如本朝奸民，假称朱姓，摇惑人心，若此之众者。似此蔓延不息，则中国人君之子孙，遇继统之君，必至于无噍类而后已。岂非奸民迫之使然乎？"不自责其以异族入据中原，反责起义图光复者，将累及前朝的子孙，其立说可谓甚巧。然设使汉族反抗者多，世宗便要把明朝子孙杀尽，这话也就是自写供招了。这不是冤诬他，试看历代帝王诏令中，有这样的话吗？雍正七年（1729），为亡清入关后之86年，汉人仍有起而反抗的，世宗上谕，且承认自康熙以来，图谋光复者，指不胜屈，历代从未若此之众。可见中国民族主义的进步，而一班遗老，妄称康雍之治，歌功颂德，以为汉人就从此屈服的厚诬了。世宗这一道上谕，是因曾静之事而发的。曾静是湖南人。先是浙江人吕留良也是志存光复的。曾静使人求其遗书。此时静使其徒张熙说岳钟琪，钟琪将其事举发，遂遭逮治。连吕留良也剖棺戮尸。可见得士大夫阶级中，民族主义亦未尝绝，不过直接行动，不如平民阶级的容易罢了。

白莲教在北方，是一个很大的秘密结社。自清朝入据后，其反抗亦迄未尝绝。高宗乾隆四十年（1775），教徒传布事觉，教首刘松遣戍甘肃。其党仍秘密传布。五十八年（1793），党魁刘之协，奉王发生为主，诡称明裔。事觉，发生遣戍新疆，之协遁去。六十年（1795）之协等举事，至嘉庆七年（1802）始平，前后共历8年。蔓延四川、湖北、河南、陕西四省。此即所谓川楚教徒之乱。嘉庆十八年（1813），又有天理教之变，其首领林清，至能连接内监，图攻宫城，可见其势力之大。天理教亦白莲教支派，可见其光复之志，始终不渝了。然和亡清对抗的，究以南方为较久，遗老志士，流落其间的更多，所以反清的秘密结社，南方更较北方为盛。

南方的秘密结社，始终抗清的，当以天地会为大宗。天地会的历史，略见于日本平山周所著的《中国秘密社会史》商务印书馆本。平山周系随孙中山从事革命的。据其说，其会中的传述：谓福建莆田县九连山中，有一个少林寺，相传为达尊神所创此当系指禅宗的始祖达摩。故下文使苏洪光再生时，称达摩大师，已历千年。寺中的和尚，都懂得武艺、兵略。康熙时，或说是乾隆时，西方有个西鲁国造反，官军大败，清主乃悬赏，说有能征服西鲁国的，他要什么，便把什么赏他。少林寺徒属中，有个唤做郑君达的，同128个和尚前往应募，把西鲁国打败。回兵之后，清主问其所欲，诸和尚都一无所欲，依旧还山。惟郑君达留为总兵。此时朝臣中，有两个唤做陈文耀、张近秋的，意图篡位，而怕僧兵的强，乃进谗于清主，说僧兵若怀异志，必非国家之福。清主听信了他，使他俩带兵去剿灭少林寺。翰林学士陈近南谏，不听，遂弃职，归隐湖广。少林寺僧中，有个唤做马仪福的，艺居第七会中人讳言七，而性好渔色，曾引诱郑君达之妻郭秀英及君达之妹玉兰，因此为众僧所逐。怀恨在心，乃引清兵到寺。四面密埋火药，堆积柴草，用松香做引线，放起火来，僧人都被烧死。幸得达尊神遣朱开、朱光两个天使，引导18个和尚逃出。清兵后追，路经黄泉村，13个和尚战死，剩下5个，唤做蔡德忠、方大洪、马超兴、胡德帝、李式开，是为会中所称的前五祖。清兵进入黄泉村。有5个人，唤做吴天祐、方惠成、张敬照、杨仗佐、林大江，对他们说：5个和尚已经死了。前五祖乃得逃去。吴天祐等5人为会中所称五勇士。前五祖逃到沙湾口，有船户2人，唤做谢邦恒、吴廷贵，留他们住宿船中，再逃到惠州长沙湾。后面又有追兵，而前面为河所阻。达尊神乃再使朱开、朱光，一持铜板，一持铁板，架作桥梁。前五祖乃得渡过，至宝珠寺，辗转到石城县的高溪庙。食用缺乏，天使又加以接济，到前五祖起行后，寺庙便都消灭了意为该寺庙系幻化而成。前五祖逃到湖广，到了一处地方，唤做丁山，其地有一个小港口。无意中遇见郭秀英、郑玉兰，和郭秀英的两个儿子，一个唤做郑道德，一个唤做郑道芳。此时郑君达已被陈文耀用红绢绞杀，乃同往祭其坟。而清兵适至。郑君达墓中，忽然跃出一把桃剑。柄上刻有反汩复汩四个字。汩字乃清字，汩字乃明字的代替字，天地会中文字都如此。秀英持剑乱挥，斩首无算，遂得脱险。事为张近秋所闻，带兵前来搜捕，郭秀英早得消息，把剑传给两个儿子，令其速遁，自己却和郑玉兰投三合河死了。谢邦恒寻得其尸，把她葬在河边陵上，还替她立了一块石碑。前五祖匿身林中，趁陈近秋经过，突出把他杀掉。陈近秋所带的兵又来追。幸得吴天成、洪大岁、姚必达、李式地、林永超五个人来救，乃得脱险。此五人即会中所谓后五祖，亦称五虎。前五祖欲复还高溪庙。再过宝珠寺,寺已化为乌有。既无饮食,亦无歇宿之所,困苦殊甚。而忽与陈近南相遇。陈近南自辞职归后,在白鹤洞中研究道教会中人相遇,问自何处来?必答言是白鹤洞来,后又以代和尚报仇,卖卜江湖。至此与前五祖相遇,迎之归家。后以所居狭隘,移于下普庵后的红花亭。一日,前五祖逍遥河上,见水中一物浮来,近视之,乃一大石香炉,炉底亦有反洇复汨字样。另一行,注明其重为52斤13两会中白镴鼎之重如此。五人既得香炉,乃取树枝树叶,以代香烛,注清水以代酒,祭告天地,誓必报少林寺之仇。祭时,树枝树叶忽自焚,前五祖归告陈近南。陈近南说:这是洇代将覆,汨朝复兴之兆,乃即举兵。有一少年,自来投效,两耳垂肩,双手过膝。讯知姓朱,名洪作,为明思宗之裔。乃共奉为主,以甲寅年七月二十五日,在红花亭盟誓,称为洪家大会。至今其会员皆以是日为生日。是夜,天显异兆,南天光耀,作文廷国式四字,遂以为元帅旗。旋东天复发红光,红音同洪,故用以为姓。把洪字拆开,则为三八二十一,即用以为符号。陈近南乃用一个唤做苏洪光的为先锋,以前后五祖为中坚,遣五勇士至龙虎山中募兵为后备。明日进攻,时清兵方强,洪家战败,退至万云山。遇万云寺寺长万云龙,云龙系浙江太昌府人,本名胡得起。陈近南引其觐见幼主。云龙即歃血为誓,矢志覆兴汨。八月二十日再战,云龙手持两棍,向清军攻击,不幸于九月九日,中箭而死。兵皆溃散。前五祖潜匿。兵退,焚其尸,裹以红绢,葬之山下,陈近南尊之为达宗神盖以配达尊神。相与寻求幼主,不得,陈近南谓运尚未至覆亡之时,劝诸兄弟暂散,广结徒党,以为后图。数年之后,会众聚集于高溪庙,此时诸头目仅存一个苏洪光,未几亦死。欲举兵,苦于无人统率。忽传苏洪光复生,事缘思宗死时,缢于煤山柏树上。内监黄丞思,冀得附帝以葬。而树无别枝,又不敢与帝同缢，乃缢于帝足而死。寻得帝尸之人，反指为叛逆，弃其尸不葬。游魂无归，达摩大师乃将其附合苏洪光身上，借尸还魂，名之曰天祐洪，为三合军司令，连战连胜，共得七省之地。后来战死于四川。三合军乃四散，七省之地，复为清所据。平山周说："哥老会及其他秘密社传说，虽各有差异，然其为焚烧少林寺，毙僧多人，以逃出之五僧，作为五祖，图复仇于万一，则均确信不易。"可见此会支派之广。又说："三合会或称天地会，世人以此名之，会中人亦即以自名，遂成为通称。或曰即三点会。凡清水会、匕首会、双刀会等，皆其支会。"又说："三合会之成立，在康熙十三年（1674），相传以少林寺僧人，被官焚杀，志在复仇。"案康熙十三年（1674），岁在甲寅，与其所载天地会传说创立之年相合。又此传说中早称郭秀英、郑玉兰投三合河，而其军亦称三合军。二会之即一会可知。又可见其确为此项结合的嫡派。会中历史，久经传述，事迹自不免谬悠凡故事口相传述，大抵文学的意味增加，历史的成分减少。况天地会传说，本有影射，并非真实事迹。所以外观几同评话了。然其姓名似多有寓意，又或非不知文学的人所能杜撰洪家之称，谓由天发红光，恐系讳饰之词，或则传伪所致。其本意，似系指明太祖的年号洪武而言。朱开、朱光、苏洪光等名字，显见其均有寓意。吴廷贵等姓名，即非江湖上人所能造，其称苏洪光恢复七省，显系影射明桂王盛时，曾据两广、云贵、四川、湖南、江西之事。平山周说："观其尊信一种秘密仪式，知为僧道所创无疑。"然则说虽谬悠，中必暗藏一段明代志士，兼及方外，图恢复而未成，匿迹民间，广结徒党，以为后图之事。惜乎其无可考了。

　　三合会成立之后，反清之事，连绵不绝。据平山周说：其事以乾隆五十二年（1787）台湾林爽文之乱为倡始，此事在当时，是震动全台的。其后嘉庆十四年（1809）清水会会员胡炳耀等17人，在江西崇义县被捕，治以叛乱煽惑之罪。二十二年（1817），三合会会员又增至千余人。有犯事被刑的。二十三年（1818），原误作三十二年，又大败于梅岭。然常称兵以与广东官吏相抗。在江西的会员亦颇多，常干涉行政，地方官极怕他。道光十二年（1832）两广、湖南猺族起事，传言为三合会所煽惑。后猺族退入山中，三合会独当前敌，被杀的很多。二十一年（1841），中英战端既开，三合再起覆清兴明之望，曾与海峡殖民地政府协商。三十年（1850），三合会骚扰两广各地，太平军乃因之起事。咸丰七年（1857）中英衅起，英人在香港预备攻击广东，以800苦工编成教练队，苦工俱系客民，大都属于三合会。其中几个头目，以驱逐满洲之故，曾向英军协商一切。邹鲁《中国国民党史稿》第一篇第一章说，"国内会党，常与官府冲突，故犹不忘其与清廷立于反对地位。而海外会党多处他国自由政府之下，其结会之需要，不过为手足患难之联络而已，政治之意味殆全失。反清复明之语，亦多不知其义者。鼓吹数年，乃知彼等原为民族老革命党也。"据平山周说，道光时，江西、两广、台湾一带，三合会颇跋扈，而以福建一省为酝酿之所，并有挟此主义，自闽广往马来及南洋各岛，或暹罗、印度各地的。无论其为贫病死伤，扶持而入，或为求免诸种压制而入，或为好奇而入，或为种族革命而入，或有所利而入，而皆同抱一倾覆满政府之念，血誓以后，即众志团结。然则邹鲁的话，不过一部分的情形，并不能以此概海外会员的全体了。作始也简，将毕也巨，在先民创始天地会之时，又安能预料其如此发达呢？不过行其心之所安罢了。然而其发达竟如此，后来孙中山的革命，还是利用会党的。民国纪元，上距天地会创始之年，凡239年，卒奏光复河山之烈，有志者事竟成，先民有知，亦可以含笑于九泉了当辛亥光复时，吾乡常州西门外，有吴姓或胡姓，因吾乡人读此二字音相同，故无从知其正字。老而无子,其远祖于明亡时,遗有明代衣冠一袭,命子孙世世保藏,光复时着以祭告,此人并一衣之而出,谓吾虽无子,眼见汉族光复而死,我的祖宗也可以无遗憾了。此事知之者甚多。惜当时干戈扰攘,未能访得姓名居址,及其先世事迹。观于此,可知抱民族主义的,实不乏其人。

第二节 太平天国的兴亡

太平天国天王洪秀全,广东花县人。生于清嘉庆十七年,即1812年,恰在民国纪元之前百年。天王少尝读书,应童子试,不中,为塾师,有大志,要想结合徒党,宗教自然是良好的工具,而广东通商早,受西方文化的影响较深,所以其所创之教,以基督教为蓝本陈恭禄《中国近代史》云:"相传上帝会创于湖南人朱九涛。清文宗曾访拿其人,疆吏复奏,称其为狗头山取药的妖人。其被捕的徒弟,身有符咒。《平定粤匪纪略记》九涛之言,谓铸铁香炉成,可驾以航海,其人殆为白莲教余党。",称为上帝教。称上帝为天父,基督为其子,称天兄,自称上帝之子,基督之弟,冯云山首先信之。又得杨秀清、萧朝贵、韦昌辉、石达开,共六人,结为死党。秦日昌、罗大纲、林凤祥等先后来归冯云山,天王同县人,为天王中表。杨秀清,先世广东人,后迁广西,居桂平的大黄江,以制炭为业。萧朝贵,武宣人,天王妹夫。韦昌辉与杨秀清同乡,监生,出入公门,与胥吏结交。石达开,贵县人,颇有家财。秦日昌系苦工出身,罗大纲为广东海盗,林凤祥亦贵县人。天王虽怀光复之志,然其用意,并不与三合会同。他曾说:"复明似是而非,既光复河山,自当另建新朝。"举兵之后,三合会头目有军械的,多归向他。旋以教义相异,不久即散去。所以平山周说:"世人认天王为三合会首领，实在是错误的。"道咸时，三合会在广东举事的，仍揭反清复明的旗帜，亦见《中国秘密社会史》。

清宣宗道光二十七年（1847），广西大饥，群盗蜂起，乡民多办团练以自卫。先是天王偕冯云山到广西桂平、武宣间的鹏化山去传教，归向的人颇多，多系贫苦的客民，而办团练的，则多系较有身家的土著，彼此之间，颇有冲突。教徒亦团结以自卫。到道光三十年（1850），天王遂起兵于桂平的金田村。

清朝派向荣等到广西去攻剿，不利向荣系固原提督。又有云南提督张必禄，文宗命其赴广西。旋必禄战死。时广西巡抚郑祖琛，年老讳盗。文宗起林则徐为钦差大臣，摄巡抚事，赴广西。则徐行至潮州病死。代以李星沅，而以周天爵为巡抚，加总督衔。星沅与天爵不和，又罢之，以赛尚阿督师。文宗咸丰元年（1851）八月，天王军取永安，建国号曰太平天国。天王即位，封杨秀清为东王，萧朝贵为西王，冯云山为南王，韦昌辉为北王，石达开为翼王。向荣把他们围困起来。明年，太平军突围而出。走阳朔，围桂林。因向荣先期入守，不克。乃北取全州，浮湘而下，为江忠源乡勇所扼，改由陆道入湖南。萧朝贵以一军道湘东，攻长沙，中炮而死，天王等悉众而北。攻长沙，亦不克。乃渡洞庭湖，下岳州，北取武汉，分军下九江、安庆。先是道州举人胡孝先，往谒天王于永安，劝其西居关中。天王举兵后，读书人还未有来归附的，得孝先，大喜，置之左右，与共谋议。而杨秀清忌他，出永安后，把他杀死，诈称为敌兵所杀。天王到湖南后，初议出常德，取汉中，以图关中，后虽未果，然及九江、安庆既下，仍欲弃之北上。乃括所得财帛入武汉，欲出襄樊，以攻潼关。旋虑载重行迟，为清兵所及，而潼关坚不可下，乃仍顺流而下，连克太平、芜湖。太平天国三年清咸丰三年（1853），正月，遂克江宁。是时天王仍欲出江北，破开封，西都洛阳。或言"明太祖亦起金陵有天下，宜先建国，示天下以趋向"。乃定都江宁，称为天京。案明太祖起兵时，元朝的腐败，又非清朝道咸时之比。其时群雄崛起，力量亦较此时称兵者为厚。然明太祖定群雄后，仍思暂居南方。后因元朝又有内乱，乃克乘机北伐。这是因旧朝政府，承袭相传的名义，实力究较新起的革命军为强，非将其政治中心摧毁，不易遽令其崩溃之故。清朝此时，守河南的为琦善。其兵力很腐败，以太平军初起时的锋锐，实足以破之而有余。这正是天国与清朝，拼一个你死我活的机会；而太平军顾恋财物，不能舍之疾趋而北，其初起时已不免暮气了。既定天京之后，上下遂流于骄奢淫逸，更伏下一个失败之根。

太平军入天京后，向荣追踪而至，扎营于城外的孝陵卫，是为江南大营。耆善的兵，亦移扎扬州，是为江北大营，其兵殊不足顾虑。天王再议图河北，罗大纲说："欲图河北，必先都开封，否则宜先定南方，以定基本。然后（一）山东，（二）安徽、河南，（三）汉中，三道北出，孤军深入非计。且既都天京，则宜多造战舰，精练水师，然后可战可守。"杨秀清以为怯，不听。乃分遣吉文元、林凤祥出河南，胡以晃、罗大纲、秦日昌经营长江上流。文元、凤祥的兵战斗很猛，卒因孤军无援，为清朝所歼灭。这可说是天国的一大损失吉文元的兵出浦口，林凤祥的兵出镇扬，二师同会河南。其出军时，天王命其迅速进行，勿贪攻城以致迟延。二人均能奉行军令，势甚飘忽。渡黄河，至怀庆，乃为清军所阻，文元战死。凤祥舍之入山西，旋出直隶。北方天气寒冷，南兵不能耐，耳鼻冻裂，驻军时即炽火，溃烂的十六七，战斗之力遂衰。逼天津而不能攻，清使僧格林沁拒之。凤祥退据静海，时为天国三年（1853）十月。四年（1854），杨秀清遣兵攻破临清，以为之援，又为僧格林沁所破。凤祥欲南下合临清之兵，不能达，据连镇，别将李开芳据高唐至五年（1855）正月，而为清军所灭。惟西上的兵，北据庐州，南取安庆，并进取九江、汉阳，包围南昌及武昌。又分兵北去德安，南取岳州。颇足使清朝震动西上的兵，胡以晃取和州，罗大纲取镇江，二师同会于庐州，入英、霍、黄梅。大纲之兵取九江，使林启容守。再西上取汉阳，围武昌，北出德安，南取岳州。天国四年（1854），石达开破桐城，下安庆，后又攻破江西许多州县。庐州为清军所陷，秦日昌复之。赖汉英又攻下皖南。

　　时清兵所至丧败清两江总督陆建瀛，以舟师守武穴，太平军自武汉东下时，建瀛之兵大溃，江宁遂不能守，建瀛自杀。及太平军再西上，皖抚江忠源死于庐州。鄂督吴文镕败于黄州。杨霈代为鄂督，与湘军陷武汉。太平军再出上流，霈兵亦溃败。其后武汉再陷，清朝乃以胡林翼巡抚。林翼与荆州将军官文交欢，得其助力，清朝遂不之疑，武汉形势，就不易动摇了，非有新兵的武力，已不足支持残局。论理：自清朝入关至此，业已200余年，其气运已倍于胡元。中国士大夫，该群起而谋光复。然士大夫阶级，本亦是平庸迟钝的人居多。天王所创的宗教，含有西教意味，尤为当时士大夫所反对。是时民族主义，尚未昌盛，敌不过忠君的旧教条。而湘军遂起而为太平军的劲敌。湘乡曾国藩，以在籍侍郎，在长沙办理团练。国藩知营兵的无用，专用忠实的士人招练诚朴的乡农，又以太平军利用长江，非有水师不足以与之角逐，乃练水师于衡州。太平天国四年清咸丰四年（1854），国藩出援湖北，初战，败于靖港，愤欲投水，以旁人救援而止。旋其别将援湘潭得利，乃再整军容，进取岳州。时武昌已下，国藩会湖北兵进陷之，并进陷汉阳。湘鄂之兵，夹江而下，太平军又败绩于田家镇，清兵遂进围九江。明年，太平军再出上流，败鄂军，下武汉。国藩命九江围军勿动，自赴南昌，又分兵出崇、通，会鄂军，以图上流。太平军虽解九江之围，然清军卒陷武汉，以胡林翼署鄂抚练兵筹饷，倚为重地，上流的形势一变了。

广西群盗张嘉祥，初亦与太平军有关系。后以与天王意见不合，别为一军，降于向荣，改名国梁，向荣衰迟不振，而国梁颇善战，攻陷太平、芜湖，又攻镇江。清提督和春，亦陷庐州，取舒城、巢县。天王召罗大纲入援，大纲率李秀成、陈玉成等兵东下，败清兵。大纲亦受伤，杨秀清忌大纲，使医生将其毒死。大纲多谋善战，且知大体。其死，天国实失一柱石。天国六年清咸丰六年（1856），秀成、玉成等解镇江之围，北取扬州，回攻江南大营。石达开之兵亦至。向荣败走丹阳，气愤而死。下流军事，才有转机，而天国的内讧又起。

天王自入天京后，把政治军事都交给杨秀清，即章奏亦必先达。秀清荒淫无度，至于造龙车，使侍妾裸曳而行。既专权，阴有篡位之意。是年八月，韦昌辉把他杀掉，并杀其党3000人。石达开自湖北归，加以劝阻，昌辉怒，又要杀掉他，达开知之，缒城而遁。昌辉杀其母妻子女。达开走安庆，发兵靖难，至宁国，而昌辉为天王侍卫所杀。天王命传其首于达开，达开乃留军入觐。或劝天王，留达开辅政，而去其兵柄。达开闻之，不自安，复走安徽。先是李秀成出援桐城，陈玉成出援宁国。石达开的遁走，韦昌辉檄李秀成将其缚献，秀成不听。昌辉怒，又欲谋害其家属。其时反复于清军和太平军间的李昭寿固始人，本在河南为盗投降秀成。秀成因之，招致张乐行之众，号称数十万。或劝昌辉，说："如此，秀成必叛，何以御之？"昌辉乃止。昭寿亦劝秀成，因乐行之众，西取关中，跨据陇蜀。秀成踌躇，旋得家书，知父母无恙，乃止。至此，又有人劝石达开，说："中原未易图，不如入川做刘备。"达开从之。使招秀成及玉成。玉成已行，因秀成不肯，亦中止。而达开遂西行，自此别为一军，和天国无甚关系了。天国初起时诸人物，至此略尽。天京政治，出于天王之兄仁发、仁达，两人都极贪鄙，遂无再振之机江南大营再溃时，李秀成力劝诸王及人民，多出金银买粮米。仁发、仁达，视为有利可图，巧立名目，以征其税。商人裹足不前，天京粮食遂乏。秀成谓为天京失守的大原因。而李秀成以一身系军国之重，支持残局者又8年。

湘军自取武汉后，形势日强。太平天国八年清咸丰八年（1858）四月，遂陷九江，守将林启容死之。启容坚忍善战，守九江五年。城破之日，无一投降的。曾国藩深为叹服。湘军遂以水师攻安庆，陆军攻皖北，陷庐州。自向荣死后，清以和春代之，张国梁帮办军务，国梁亦乘天国内乱，攻陷镇江、句容，再逼天京。天王召诸将入援，多为清军所牵，不至。惟李秀成守浦口，保障着江北一条通路，而亦不能进取。秀成以陈玉成之兵最强，劝天王封为英王，令会集诸将入援。而玉成不善将将，诸将都不听命。时李昭寿又降于清军，致书李秀成劝降。秀成得书大惊，兵部尚书莫仕葵方监秀成军，急携其书入见天王解释。而天王已听流言，命封江阻秀成兵。且系其父母。仕葵至，力谏，乃复悔悟，抚慰秀成，封为忠王，都督中外诸军，录尚书事，赐尚方剑，便宜行事，主将以下，先斩后奏。秀成乃传檄诸将，以九年清咸丰九年（1859）二月，大会于枞阳，定断张国梁粮道之计。时清江北大营不复置帅，归江南兼辖琦善死后，托明阿代之。后复代以德兴阿。陈玉成破扬州，德兴阿被和春劾罢，遂归和春兼辖。汛地益广，兵数日增，其饷皆出浙西，由两江总督驻常州主持。江南营军，本已骄佚，至是饷无所出，江督何桂清乃命45日发一个月的饷，军心益怨。秀成先与玉成合兵，往援皖北。大败清军于三河集，清将李续宾伏诛，围安庆的兵亦撤退。于是玉成与清军相持于上流。秀成自宁国、广德攻破杭州。会合诸将，还攻江南大营，清兵大溃。张国梁战死丹阳，和春受伤死于常州，天国之兵，长驱取苏、常，直至嘉兴。一月之间，逐北700里，克城60余，兵势又一振。

先是石达开扰闽、浙，清命曾国藩往援，后复命其援皖，国藩回军，复围安庆。及苏常光复，清以国藩为两江总督。国藩使弟国荃围安庆，而自率兵驻祁门。太平军四面逼之，不克。李秀成既定杭州，分兵出江西。汪海洋等20万众离石达开来归。众遂大盛，多破江西州县，前锋抵武昌境，和陈玉成黄州的兵，隔江相望。时玉成以救安庆不克，分兵取蕲、黄、广济，欲以分国藩的兵。秀成叹道："英王错了，适足使安庆之围更坚，他有水师以济饷，安肯救此不急之城呢？"时左宗棠入江西，秀成乃还取杭州此时满城未破，复还苏州，期以十二年清穆宗同治元年（1862）春援皖，而安庆已于十一年清咸丰十一年（1861）九月为清兵所陷。是时清文宗已死，穆宗继立。孝钦皇后与肃顺，虽有政争，然未影响到战局。安庆既陷，而军事形势又一变。陈玉成在庐州，为清军所攻，弃之，走寿州，依苗沛霖，为苗所卖，执送清军，被杀。时为十二年（1862）四月。玉成起军中，年19当大敌，24封王，26而死，其兵之强，冠于诸将。与曾国藩相持数年，深为国藩所畏。秀成闻其死，叹道："吾无助矣。"其时胡林翼亦死。清命曾国藩督办苏、皖、赣、浙四省军事。指挥之责，集于国藩一身。国藩乃荐沈葆桢抚赣，左宗棠抚浙，命李鸿章募淮勇以固苏、松，曾国荃沿江而下，彭玉麟以水师佐之，以窥天京时清军队重要的，尚有德兴阿、冯子材守扬、镇，鲍超在宁国，张运兰在徽州，多隆阿在庐州，李续宜在颍州。

上海在用兵形势上，本是个绝地。自海通以来，而其形势一变。因其后路不易绝，且饷源充裕，而筹饷的人，尚未注意到，颇可倚为战守之资。当太平军入湖南后，清朝一方面，就有倡借用外兵之议的，后来事未果行议者谓宁波、上海等处，外人驻有舟师，以防海盗，可与商派入江助剿，未果行。江宁破后，向荣以长江水师缺乏，檄苏、松、太道吴健彰和外人商议，领事答以两不相助。乃已。此时外人的态度，确然是中立的。健彰粤人，初为洋行买办，后援例得官。刘丽川在洋行，亦与之相识。据上海时，其党露刃以胁健彰，领事馆中人挟之去。健彰遂居领事馆中，诡称公出，规脱处分。言官劾其通夷养贼；擅将关税银两运回原籍，奉旨交督抚严讯。奏言无其事。惟以与本管洋行商伙，往来酬酢，不知引嫌；避居洋行，捏报公出，遣戍新疆。而向荣请留之效力赎罪。《中西纪事》谓其钱可通神。其时外人恶清朝之无信。教士闻太平军崇拜上帝，摧毁偶像，对之亦多好感。1853年，英使文翰至天京，谒太平军领袖，建议严守中立。1855年，美使至天京调查亦然。美政府且训令其委员，可斟酌情形，承认天国为事实上的政府。惟法使请其政府中立，未能有效。外人以私人资格，在太平军中服务的亦颇多。太平军利其枪炮，又其人战斗颇勇敢，亦颇厚待之，称之为洋大人，洋兄弟。李秀成部下尤多，然亦未能大得其用。

咸丰戊午、庚申两约既成，外人对清朝所得的权利多了，其态度乃一变。然是时清朝对于外人尚多疑忌，未敢径接受其援助时法使称愿售枪炮，如欲仿造，亦可派匠役前来。并请在海口助剿。王大臣闻奏，不许。俄使亦言愿派水兵数百，与清陆军夹攻。又称明年南漕有无阻碍未可知。在上海时，有粤商及美商，愿采台米、洋米运京。如由伊寄信领事，将来沙船、钓船均可装载，用俄、美旗，即可无事。诏江、浙督抚及漕督议奏。漕督袁甲三，苏抚薛焕均言不可听。曾国藩请温诏答之，而缓其出师之期，总署奏亦谓然。又谓初与换约，拒绝过甚，又恐转生叵测。宜设法牢笼，诱以小利。法夷贪利最甚，或筹款销其枪炮船只，使之有利可图，冀其匿就为用。请令曾国藩酌量办理。代运漕米一节，由薛焕招商运津，华夷一体，无须与该夷会商。至危机渐及上海，而其情势又渐变。外人助清军平乱，始于太平天国四年（1854）。先是清道光二十九年（1849），新加坡陈玉成设三合会支部于厦门，名之曰匕首会。为清官所捕杀，黄威代领其众。天国三年（1853），占据厦门，自称明军，后以饷械不足退去。而刘丽川据上海。据《中西纪事》：丽川在起事前，曾托领事温那治先容于太平军温那治遣轮船二溯江西上，至镇江，为清船所获。得温那治与太平军书，并洋枪火药，及刘丽川奏折。温那治书言"三月间在南京，蒙相待优厚，并为照顾贸易之事。我兄弟同在教中，绝不帮助官兵，与众兄弟为仇。今寄来火器若干件，火药若干斤，即祈早为脱售"云云。时两江总督为怡良，咨粤督穷治此案，卒亦未果。然太平军对于丽川，并未曾切实联络。丽川亦不能有所作为。四年（1854），英、法兵助清兵攻之。五年（1855）正月初一日，丽川亡走，为清兵所执杀。

江南大营既溃，巴夏礼到天京，请勿加兵于上海。提议划界百里，彼此各不相犯。此实天国利用外援之好机会，而天王不许，巴夏礼一怒而去。时上海商人设立会防局。有一个美国水手，唤做华尔Frederick Townsend Ward，因译人丁吉昌介绍，往见苏松太道杨坊坊亦本系商人，吉昌系诸生，从教士习西文。家近苏州，遭难，乃立志与天国为仇，许其攻下松江，给以银3万两。华尔募潜逃水手百人往攻，不克。再募菲律宾水手百人前往。美人白齐文H.A.Burgevine亦在其内，乃克之，时英海军大将以华尔诱其水手潜逃，控之于美领事，美领事禁华尔于舰中。华尔泅水而逸。其时苏抚薛焕，及布政使吴煦，均在上海。议欲再募菲律宾人，苏州人王韬说，募洋兵费多，不如募中国人，而用洋人统带，教练火器，从之。于是华尔、白齐文，募华兵500守松江。太平军攻上海，会同英、法兵败之。诏赏华尔四品衔后加至三品。白齐文亦得赏四品衔。其后外国水陆队及经理税务商人，屡有传旨嘉奖的，名其军曰常胜。太平天国十二年清同治元年（1862）上海官绅筹银18万两，雇英国轮船7艘，往迎淮军。至三月杪而毕至。诏李鸿章署苏抚薛焕为通商大臣，专办交涉，常胜军归其节制。李秀成自昆山进攻。淮军及常胜军连败，英、法兵亦败，太仓、嘉定、青浦次第光复。松江亦将破。此时倘能聚集兵力，将上海问题彻底解决，仍不失为太平军的一个机会，而无如天京吃紧，天王又诏李秀成入援。

时曾国荃以天国军粮均来自巢县芜湖一带，将其攻破。又破太平府，进逼雨花台，天京危急。李秀成乃退兵苏州，使弟扬王世贤先将兵2万入援。秀成以敌军有长江济饷，而其营垒坚不易拔，欲先取宁国、太平，断其饷道。而天王以天京粮少，虑不能守，仍促其入援。秀成不得已，率兵进京。八月，国荃军大疫，秀成、世贤猛攻之，历46日，不能破。世贤献计："攻扬州、六合，括其粮至军。夹江攻国荃，再分兵攻曾国藩于安庆，致国荃往救，然后乘虚攻之。"秀成从其计。出兵江北，欲合张乐行之兵。至六安，闻乐行已死。再用世贤计，"回袭清江，想倒击扬州、六合，然后袭通、泰以连苏、杭，则镇江清军，不击自退。镇江既下，可通饷道达燕子矶，则国荃不足虑矣。"然所过皆成邱墟，军无所得食，而国荃又攻破雨花台，不得已还救。时为天国十三年清同治二年（1863）六月，至浦口，船少兵多，不得渡，为杨岳斌初名载福、彭玉麟水师所截击，丧失大半，秀成兵力遂衰。既归天京，请天王亲征赣鄂，天王不许。秀成言苏、杭不守，则天京愈危，力请往援。天王虑粮乏，秀成括家资，又借贷以助饷，然后行。

先是华尔攻宁波，城破，华尔亦受伤而死诏于松江、宁波建专祠。白齐文代将其军。曾国荃为李秀成所攻，李鸿章屡命其往救，白齐文不听,至上海索饷,不得,殴伤杨坊,夺银4万两而去。李鸿章告美领事,夺其职。改用英人,其人无将略,屡战皆败,会英政府许其将校服务清军,乃改用戈登Charles George Gordon,定其军额为3000。白齐文降李秀成,劝其"弃江浙,北据山东、山西、河南、陕西。使清水师无所用,外人亦不能相助"。苏州诸生王畹亦献计:"以水师出通、泰,掠商船,使货物不能入上海,其时华人避难上海租界数十万,必凶惧。外人必惧而求和。否则令精兵数千,伪为避难者,入居租界。夜中猝起焚劫。外人必逃登军舰。我乃起而镇定之,招之使还,外人亦必与我妥洽了。"秀成均不能用。戈登会清军陷常熟,又陷昆山,于其地设大营。使丁吉昌入苏州,说纳王郜永宽,永宽遂杀慕王谭绍光而降。永宽降时,由戈登为之保任,许以不死。而淮军将程学启将其杀掉,戈登大怒,要攻击李鸿章,后未果。英政府闻清军杀降,取消其将校服务于清军的命令。常胜军因此解散戈登加提督衔,洋弁受宝星的64人。时法人在宁波练洋枪队,召募华人十余,由德克碑(D.Aigue Belle)统带。曾在余姚、绍兴一带助清军作战,旋亦解散。然苏州失后,太平军军心大乱。无锡、常州俱不能守。左宗棠又攻下浙江诸州县,并陷杭州。天国事势,遂无可挽回了。

苏州失陷后,李秀成弃无锡而去。秀成逆料丹阳、常州俱不能守,与屯丹阳的然王陈时永同进天京,力劝天王乘敌围未合,出图赣鄂,否则奉太子出以图恢复。天王都不听。而天京附近险要,续有陷落,江、浙郡县相继失守。秀成知事无可为,乃决计死守天京,与国同尽。是为天国建立后十四年清同治三年(1864)正月,至二月而天京之围合,城中粮尽,都吃草根树皮。秀成日夜登陴抚慰,人无怨言。时曾国荃设局招抚难民,秀成劝其民往求生。人民无愿去的,自杀的日数百人。秀成卒请于天王,将其众放出一批。天王忧愤成疾,四月，驾崩。太子洪天贵福即位。时年16，秀成辅政。六月十六日，天京失陷。太后赖氏，以幼主托秀成，投御河而死。秀成奉幼主归别其母，太子母麾之去，自投缳。世贤解救之。于是秀成奉幼主，世贤奉其母，突围而出。至方山，秀成为村民所获，送之曾国荃军。秀成以史馆实录，尽被清军焚毁，手写太平天国事迹，每日7000余字，共10日而毕。此即清人所谓《李秀成供状》。世间所传的，全被清人改易，非其真相了。秀成旋被清军杀害，时年40。

秀成广西滕县人，和陈玉成同乡。起小卒，随罗大纲、胡以晃军，以晃举为将。自天京内讧后，朝政紊乱，军事亦散漫，全赖秀成一人支柱，面折廷争，有古大臣风度。运筹决策，临敌指挥，尤无愧于古之名将。其人实为文武全才，非湘淮诸将所能及。其不嗜杀人之风，尤使湘淮军诸将号称儒生的，对之生愧。秀成破江南大营后，礼葬张国梁。破杭州后，礼葬巡抚王有龄。满城中的满兵，均释弗杀。得苏、常后，乱民肆行抢掠，旬日未止。左右请剿办。秀成说："人民苦于兵戈，以至如此，何忍加兵？"自带几十个人，巡行乡镇，乱民千百人，持兵相向。秀成说："我是忠王。"加以抚谕。皆释兵罗拜，一日而乱定。召官吏千余人至，抚慰之，命其愿留者留，愿去者听，没有川资的，都发给他们。农民失业的，给以牛种。贫民则给以资粮，散库钱10余万缗，粮万余石。后来去苏州时，男女老幼，无不流涕。在方山时，为村民所获。一人手剑要杀村民，秀成还止之道："此天绝我，毋伤良民。"村民中一人曾于秀成出军时供担役，还跪而自罪，说："此忠王也，爱百姓厚，吾侪当护之。"要送秀成到湖州、广德间太平军中。后因人多不能自主，乃卒被执送清军时秀成遗宝带一条于山庙中，使村民回取之，已为他村民所得，互争，遂挟秀成送清军。其爱惜军民如此。天京失陷时，饥军10余万人，无一个肯投降的，良非偶然。曾国藩奏疏说："十余万贼，无一降者，至聚众自焚而不悔。"可见其非厚爱天国者粉饰之辞。大业虽终于颠覆，然留此一段悲壮的事迹于历史之上，可使汉族的民族主义，放万丈的光焰。而忠王的人格，亦永垂于天壤之间，为后人所矜式了。秀成次子荣发，骁勇有胆略，年15，随父军中，杀敌当先，屡立奇功。秀成以为护军。年16，统兵万人，屡战辄胜，军行常自断后，随幼主至徽州，兵败，孑身逃走，为左宗棠炮船所得。有一队官，系秀成旧部，说"这是恩主"，把他藏匿在杭州。宗棠军多秀成旧部，送以资粮的不绝。宗棠初以其年少不问，后闻其英鸷得人心，乃杀之。时年19。

忠王的仁义如此，反观清朝，则其嗜杀，殆非想象所能及。1862年，英使普鲁斯Frederick A.Bruce曾约总署大臣文祥、董恂到使馆面谈，说："如赦贼罪，给与公文，承认由其作保，保全降人生命，天国即可自减。"其参赞威妥玛，并述天王之兄洪仁玕之言，说"官军如此乱杀，实于天国有益"。而恭亲王竟不许。李鸿章下苏州后的杀降事件，以今日之眼光论，固属野蛮，即以旧时的道德论，亦为不仁不义，而上谕称其办理甚为允协；曾国藩在日记中，亦称其眼疾手快。鸿章受到外人批评后，反说"这里是中国不是欧洲"。其致彭玉麟书，谓常胜军"往往破贼，而不能多杀贼，故须我军偕往，以辅其不逮"，岂不骇人听闻？李秀成归天京后，无锡即投降清军，鸿章又杀其首领。守常州的护王陈坤书，因此决计死守。李鸿章亦明知之。他写给曾国藩的信，说"苏锡之役，歼数逆首，自是粤酋死拒困斗，绝无降意。护酋早欲投诚，兹乃招聚广东悍党，婴城自守"。然其写给郭嵩焘的信，仍说"苏州遣回降人千余，皆可杀者"。这除说他是好杀外，更有何理可说？鸿章曾告曾国藩，说"粤人即不尽杀，放归亦无生理"。忠王劝曾国藩，不宜专杀两广之人。国藩亦谓"其言颇有可采"。然仍杀戮无忌，诚不知其是何居心？天国四年（1854），曾国藩在大冶战胜，奏称"各营生擒逆匪124名，仅与枭首，不足蔽辜，概令剟目凌迟"。当黄威退出厦门时，清军入城市，肆意劫杀，童稚亦不能免，刀钝不能用，则并缚数人而投之河。英领事通牒劝阻，不听。乃命两军舰泊于香港，若将干涉者，租界及船埠周围，才得免祸。其余各地，则有一日所杀，超过2000人的。当道光三十年时（1850），两广各地，三合会蜂起。至太平天国四年，广州几被包围。其军队颇有纪律，亦能善待外人。然清军转得利用外国旗帜，运饷以接济广州，广州因得不破。旋三合会涣散。其军中一首领，率众大半走广西。清军乃渐得势。其明年，广州城外十数村镇，悉被清军攻破，屠杀动辄千百。其余各县亦然，或以500人为一团，械送省城，或以万人为一群，拘之城内，日杀七八千人。平山周说："广东生灵，伤于清军之手者，百余万人。"及英法兵占广州，石达开自湖南走广西，三合会乘机复起。天国八年（1858），大首领陈清康，率众屯于广州之北。拟俟英法军退起事。后其主力仍入广西。清军乃贿买其副首领陈政，政杀清康以降。清官欲冒战胜之功，杀三合会员2000余人。自是十年之间，三合会员在广东及其邻境的，被捕悉处极刑。然其遗族逃到香港的，仍宣传反清复明主义。血，到底是不能洗血的啊！

天京失陷后，李世贤奉幼主到广德。听王陈炳文，初与康王汪海洋俱守杭州，至是走江西。扶王陈得才，初属陈玉成。玉成败后，自湖北走豫南，入汉中。是年夏间，回救天京，至安徽，闻天京已陷，自杀。世贤尚未知之，劝攻湖州的堵王黄文金，同奉幼主，合海洋、炳文的兵出湖南，北连陈得才。文金必欲破湖州以泄愤。湖州破而清兵大至，文金中炮死。世贤奉幼主入福建，至延平。时汪海洋亦至福建，两军相距仅30里。世贤军为清将席宝田所破，与秀成子荣椿俱走海洋军求救。幼主随难民行，误投敌军，为清营官苏元春所得。元春要将他释放，而事为席宝田所知，将幼主取去，有人对宝田说："你的祸不远了，曾国藩奏称洪氏无遗类，你却擒获了幼主，他怎肯和你干休呢？"陈恭禄《中国近代史》云：李秀成言天王家人皆死，实为免祸之计。左宗棠获其养子，知其母、妻、幼子，均免于难。见左氏《奏疏》，据闻其子收养于外人，今尚存在。宝田乃将幼主送交沈葆桢，为其所杀。世贤匿民间，奉秀成母以终。陈炳文为汪海洋所杀，海洋以是年十二月，战死于广东嘉应州。石达开自别为一军后，出没于安徽、江西、福建之间。太平天国九年（1859），败于南安，入湖南，又为巡抚骆秉章所败，入广西。明年，入广东，出没湘粤间。十一年（1861），入四川。清以骆秉章为四川总督御之。达开入贵州，十二年（1862），再入四川，转入云南。十三年（1863），再自云南入四川。将渡大渡河，为清兵所扼，又贿土司绝其退路。达开对手下的人说："吾一人自赴敌军，尔等可免死。"乃张黄盖，服黄袍，乘白马，从数人入清军。至成都，见骆秉章，说："吾来乞死，兼为士卒请命。"清人磔达开于市，而使诸将围歼其兵2000余人。

  太平天国自起兵至灭亡，前后共历15年。兵锋所至之地，共17省内地18省，惟甘肃一省未到。但得城多不能守。所恃为根据地的，实止自天京至九江、武汉的一线，及皖南北若干州县。其后九江、武汉皆失，仅恃安庆与天京相犄角，而皖南北亦日受攻击，形势就更危险了。太平军在军略上的失策：（一）未能于初起时全军北上，与清人争一旦之命。（二）在南方又未立定规模。（三）初起时借长江的便利，未久即下天京，后来水师之利反为清人所有。至其军队，初起时确甚优良。广西军人，强悍善战，其纪律颇严，并无奸淫杀掠之事，所以人民颇为欢迎。清张德坚撰《贼情汇编》称"贼至则争先迎之，官军至皆罢市。此等情形，比比皆然，而湖北为尤甚"。可见光复军兴时，箪食壶浆的盛况。此时太平军军队未甚多，其首领的骄奢淫逸亦未甚。所破州县，到处都有蓄积，取之已足敷用。人民亦有自动进贡，以求免祸的，故其财政宽然有余，无事诛求。其后财政渐窘，军队中旧兵渐少，胁从渐多，军纪亦渐坏，掳掠焚杀之事，遂不能免。天国四年（1854），曾国藩奏疏云："前此官军有骚扰之名，贼匪有要结之术。百姓不甚怨贼，不甚惧贼，且有甘心从逆者。自今年以来，贼匪往来日密，抢劫日甚。升米尺布，掳掠罄空。焚毁屋庐，击碎釜缶。百姓无论贫富，恨之刺骨。"军纪的好坏，影响于民心的向背和士气的盛衰，这确是天国失败的一个大原因。

至于政治，则天国诸人都起下层社会中。大凡下层社会中人，都抱有均贫富及平等的思想。起事之后，乃表现于其宗教及政治制度中。拜上帝会规制，入会的男称兄弟，女称姊妹，一律平等。天京建后，创立田制，分田为九等上上，上中，上下，中上，中中，中下，下上，下中，下下。上上田一亩等于下下田三亩，各地方有无相通此处不足，则迁彼处，彼处不足，则迁此处。又此处荒，则移彼丰处，以振此荒处，彼处荒亦然。此即所谓移粟移民，民年十六则受田。自食有余，概归公库。二十五家立一库，婚丧等事，均用库中款项。军士有得财货的，则概归天朝圣库。又立女馆，凡处女、寡妇及从征军士眷属，均居于其中。禁烟、禁酒、禁赌。又禁女子缠足。禁妾媵及娼妓。并禁卖买奴婢。其思想不可谓不正。案当隆古部族时代，人民生活，本有一定规则。此时内部安和，而对外亦能讲信修睦，即孔子所谓大同。其后各部族接触日多，渐以兵力相争夺。战败的，固夷为农奴及奴隶。战胜的，亦因其生活日流于淫侈，并且专以争斗为事读《礼记·文王世子》篇可知。这一篇是述古代公族，即国君的同族的生活的，而其风纪日趋于败坏。此即所谓封建时代。然部族时代良好的规则，仍有存留。民间生活，仍有其合理的轨范。即贵族亦不能不俯就其范围，此即古人所谓礼古代的所谓礼，并非指应对进退等，此乃所谓仪。知仪的，古人亦谓其不能冒称知礼。《左传》议论鲁昭公的话，即其一例。所谓礼，实指大众生活的轨范。如凶荒札丧之岁，贵人的生活亦不能不贬损；丰登之年，大众的生活仍不能奢侈等便是。所以《礼记·礼器》说："年虽大杀，众不恇惧，则上之制礼也节矣。"。所以此时的生活，尚非全不合理。封建制度完整之世，孔子亦称为小康。封建时代之后，再加以资本的侵蚀，生活的轨范，无人留意及之。即有觉其不安，欲去其太甚的，其所欲建立者，让步已至极点，然仍不能实行。此实为社会不安的根本原因。此等病根，上中流社会中人，因其处于压迫地位，生活较为优裕，往往不能觉得。只有下层社会中人身受切肤之痛，会有矫正的思想。历代借宗教以煽惑人民的，除迷信的成分外，总尚略能改正经济制度，示人民以生活的轨范，即由于此如汉末的张鲁便是。可看《三国志》本传《注》引《典略》。这个并非迂阔，实可说是社会真正而且迫切的要求，但其事经纬万端，断非径行直遂的手段所能有济。起于草泽的英雄，思想虽纯，而学识不足，运用其简单的思想、直率的手段，想达到目的，无怪其不能有成了。天国诸人，宗教思想颇为浓厚，凡事皆欲称天以济之。故其国称天国，京称天京，军称天军，法律亦称为天条。军行所至，辄设高台讲演，谓之讲道理，又印行讲道的书颇多。那更陷入极端的观念论了。尝开科以取士，所命题目，亦极可笑其命的题目，有《贬妖穴为罪隶论》等。案天王尝有诏，贬直隶省为罪隶省。其官制，则有天地春夏秋冬六官，又有丞相、军师、录尚书事等名目。外官有州牧、郡守、县令，又有行省。军制以五人为伍，五伍为两，四两为卒，五卒为旅，五旅为师，五师为军。又有监军、总制、将军、指挥、点检等名目。今古杂糅，一望而知为乡曲学究所定。此等制度，亦多未能实行。实际的政治，则因天王入天京后，百事不管，朝内又无能主持之人，以致紊乱。总而言之，天王之为人似只长于宗教，而短于政治及军事。天王手下，亦无此等人才。只有一个李秀成，而用之太晚，且不能专。实为太平天国失败最大的原因。且如天王的宗教思想，在当时，绝不能得多数人的赞同。民族革命之义，如能始终标举，是可以引起一部分人的归向的。太平军出湖南时，亦曾发布讨胡之檄，后竟未曾再提，而仍欲推行其不中不西、不古不今的政教，即此就可见得不认识环境，难于有成了。然事虽失败，毕竟替民族革命播下了种子。到孙中山革命时，其余党还有存留海外的。

第三节　捻党始末

当太平天国和清军在江域相持时，直、鲁、豫、苏、皖间，又有捻党。捻党的起源：有的说是乡民逐疫，"裹纸然膏"，后来因而行劫，故称为捻。有的说皖北人称一聚为一捻，因称为捻。二说未知孰是。其起源颇早，清仁宗嘉庆年间，河南巡抚，已经奏定"结捻"三人以上，加等治罪了。然此时所谓捻党，人多势盛之时，偶出攻打州县，官军到又回原居，和平民无异。并不正式和官军对敌。到天国兴起后而其势乃渐盛。其渠魁张乐行，居雉河集涡阳县，捻平后设县，李兆受居霍邱。清官令人民筑寨自保。诸寨既无力抵抗捻党，而官军又残暴，乃依违于两者之间。又有本系土匪，亦借团练为名的，局势复杂。寿州苗沛霖，本系诸生，后为练总，反侧于太平天国和清军之间，曾受天国之封为奏王，尤为跋扈。

捻党虽据数省，其最大的根据地，则犹在安徽。清朝迭派大员进攻，都无效清朝初命周天爵驻徐、宿，旋代以袁甲三，驻颍、亳，又命牛鉴驻陈州，而以河南巡抚英桂总其成。太平天国五年（1855），即清咸丰五年，罢袁甲三，命英桂进攻安徽。明年，又起甲三助英桂。至七年（1857），胜保督安徽军务后，仍命袁甲三管苏、鲁、豫三省事。均无功。太平天国七年清咸丰七年（1857），命胜保总督安徽军务。张乐行走依李兆受。兆受伪降，苗沛霖亦阳受抚。然其盘踞恣肆如故。胜保所带马队，

且有降于捻党的。捻党行动益敏捷。天国九年（1859），出击山东。还道河南，攻周家口。十年（1860），陷清江。清漕督等皆遁走。是年，英、法和议成。清命僧格林沁移兵而南。初战亦不利，后乃从鲁南入苏北，进至亳州。天国十二年清同治元年（1862），苗沛霖合太平军攻颍州，为湘军所败。陈玉成走依沛霖，沛霖将其执送清军，被杀。安徽局势稍定。而陈得才合捻众入陕西，攻商、华。胜保及多隆阿奔命。胜保旋遭逮治。降捻宋景诗，因之叛于邹阳，声称为胜保诉冤，自山西入直隶。附从者甚多。清调刘长佑督直。到明年，才把他打平。是年，僧格林沁亦陷雉河集，杀张乐行。又杀苗沛霖。乐行从子宗禹入鄂豫。又明年，陈得才回援天京。至英、霍间，闻天京已陷，自杀。遵王赖文光、鲁王任柱柱本名化邦，亳州人，最勇猛善战。据《太平天国战纪》：僧格林沁伏诛后，宗禹等共矫天国幼主诏，封宗禹为沃王，柱为鲁王，均与宗禹合。于是捻党得天国之名将以指挥之，而其用兵的方略一变。

遵鲁二王和张宗禹既合，再道湖北入河南。天京陷之明年清同治四年（1865）入山东。时清倚僧格林沁为主力，而僧无将略，专恃蒙

古马队，和捻党相驰逐。步不及马，驽马不及良马，其队伍遂参差不齐。军行不赍粮秣，专责成州县供应，州县因兵荒不能具，则剽掠于民间，因行淫杀。人民控诉的，僧格林沁概置不理。人民恨之切骨。捻党知其如此，专引之东奔西走，以疲敝其兵力，而僧格林沁不悟。是年，两军相遇于曹州。宗禹弟小黑，年19，与任柱猛攻之。僧军发炮，弹如雨下。小黑及任柱不顾，令马队脱衔猛冲。僧兵大败，僧格林沁伏诛。捻党之诛僧格林沁，事见罗惇曧《太平天国战纪》。此书系将韦昌辉嫡子以成所著《天国志》删润而成。于天国亡后所记事极疏略。盖由无记注，专恃传闻记忆而然。然僧格林沁的伏诛，系两军争斗中的一大事，所记捻党一方面的军情，该不会有误。况且《战纪》说僧格林沁系堕马为乱兵所杀，宗禹兄弟至，又刃碎其尸；而清薛福成所撰僧格林沁《死事略》，亦说其死在麦塍之中，身受数伤。二说符合，可见《战纪》之不诬。僧格林沁是科尔沁郡王，因攻捻晋爵为亲王的。科尔沁是蒙古诸部中最早投降清朝的，清人与之世通婚姻。清朝的宗旨是要封锁东三省及蒙古地方，合满蒙二族之力，以制汉族的。僧格林沁一军，尤为当时清朝所倚恃的劲旅。任柱、张小黑，功虽不成，然能歼此渠魁，亦足以寒猾夏者之胆了。

僧格林沁死后，清朝命曾国藩督直隶、河南、山东军务。曾国藩说：捻党已成流寇，与之驰逐非计。主张"以有定之兵，制无定之寇"。乃以徐州、临淮关、济宁、周家口为四锁。自沙河、贾鲁河，北抵汴梁，南接运河，筑成长墙一道自周家口下至正阳关守沙河，上至朱仙镇守贾鲁河。朱仙镇经开封抵黄河，掘濠而守，实行其所谓"圈制"之法，而捻党的厄运乃渐至。捻党将其汴梁一段防线突破，进攻运河墙，不克，乃分为二：任柱、赖文光东行，张宗禹西上。天国亡后二年清同治五年（1866），曾国藩回两江总督本任，李鸿章继其任，左宗棠督办陕西军务。明年，东捻突破运防。清军反守运河西岸。旋又扼之胶莱河及潍河之东。其潍河一段，仍为捻党所突破。然卒不能越运河而西，乃自鲁南入苏北。清军云集，任柱死于赣榆，赖文光在扬州被执，东捻亡。西捻入陕西后，渡渭而北，入延、绥，自宜川渡河。下河东，入豫北。天国亡后四年清同治七年（1868）入直隶。左宗棠随之而东，李鸿章亦北上会攻，令直隶人民筑寨自保，实行坚壁清野之法。又沿黄、运二河，自天津至茌平，筑长墙以蹙之。西捻乃被困于黄河、徒骇河之间而灭。案《太平天国战纪》说：僧格林沁死后，捻党议仍入汉中。左宗棠扼河筑长墙拒之，乃仍入汴。文光等聚谋，言"敌军甚众，江南我兵绝迹，不如渡黄河，直捣燕京，成则取其国都，不成死耳"。乃履冰而过，清兵逐之，一战大败。任柱、小黑皆死，宗禹不知所终。此其记事自极疏略，然赖文光等当日有直捣燕京之志，事当不诬。不过有志未遂耳。赖文光逃扬州被获，《战纪》并不讳饰，则其谓张宗禹不知所终，事或得实，而清朝一方面的记载，谓其赴水而死，恐实不足信了。

综观捻党，自太平天国灭亡以前，和天国灭亡以后，其用兵的方略绝不相同，即可知其纵横驰骤于直、鲁、山、陕、豫、鄂、苏、皖八省，使清朝的君臣为之旰食者数年，实由天国的名将指挥驾驭而然。当天京沦陷，幼主殉国之后，而天国的余威犹如此，可见天国初起时，不能悉众北上，及其后天王不从李秀成之言，出征赣鄂的可惜了。清朝攻击捻党时，其残暴仍与其攻天国时无异。曾国藩奏疏说："官兵骚扰异常，几有贼过如笔，兵过如洗之惨。民圩仇视官兵，于贼匪反有恕辞。"西捻再入直隶时，左宗棠写给他儿子的信说："大名、顺德、广平一带，和山东、河南接壤各处，民团专与兵勇为仇，见则必杀，杀则必毒。"清人所自言如此，倘使其敌国方面，有人执笔记载,未知又当如何?太平天国和捻党,不免有残暴的行为,我们诚不能为讳,然至少并不甚于清兵,则是事实。而从前论史的人,都把这一个时期的破坏,专归罪于天国及捻党方面,真可谓清朝的忠臣了。

第三篇 中国近百年史概说

第一章　总论

从民国三十二年（1943）上溯100年，为清宣宗道光二十二年（1842）五口通商之明岁。此百年中，为中国历史变动极剧烈之时代。

推原其故，盖因西欧各国于此时期内兴起，其影响及于全世界。物之静者，非加之外力则不动，社会亦然。而能影响他社会，使之大起变动者，又惟文明之国为然。中国前此，与欧西各国关系较疏，而与葱岭以西承受希腊文化之诸国及印度、大食，关系实密。但其关系止于精神的及零碎之技术的，无甚深之物质基础，故社会不受大影响，不能起大变动。在此情势之下，其交通自亦时断时续。至近世，则西洋人因得罗盘针故，而能为远洋航行。遂能越好望角而来，绕西半球而至。加以科学发达，引起产业革命及交通状况之改变，而世界之联结，遂不可复断。于斯时也，因（一）彼辈距封建之时代近，习于列国纷争，有尚武好斗之性质。（二）又欧洲自古注重商业，习于航海，故其人富有冒险远游之性质。（三）自产业革命以后，既有种种利器，加以组织精严，而经济又迫其向外寻求市场及原料产地，寝假而输出资本，遂发展为帝国主义，成为侵略者。而我国则犹是闭关独立之旧，人民不好与闻外事，亦无力关心政治。加以政府腐败，近代之文明，亦非旦夕所能输入，种种近代之利器，遂多欠缺。富力亦相去悬殊，遂至成为支离破碎之局。

然体段大者，其变化难，而其成就亦大。我国有高度之文化。民族人民之众多，甲于世界。幅员大而地形复杂，其位置则西北负陆，东南面海。交通之发达，必自远洋进入大陆之中心。亚洲之中部，实为世界上最闭塞之地。而我国今日西南西北之开发，适当其冲。热带及副热带无限物资之利用，我国所踞之形势，亦甚利便。前途之大有希望，实无疑义。然欲达此希望，则又必先完成目前之一大事，凡我国民，不可不勉。

第二章　中西交涉之初期

旧世界文明联络之通路：（一）自中国缘海，出马六甲海峡，入印度洋，经波斯湾、红海，以入地中海。（二）自中国越葱岭，经西亚以至欧洲。若夫浩渺之大洋，则在前此罕能通航。其自蒙古、新疆经里海、黑海以入欧洲，则为野蛮民族侵略之路。自西伯利亚入欧俄，则寂寞荒凉，经由之者更鲜，而其影响亦愈微矣。乃至近世而形势一变。此宋仁、英、神三代间11世纪后半期，塞尔柱突厥兴，欧亚两洲间之航路，为其所中断自欧入亚之道路，本有三条：（一）自叙利亚经阿付腊底斯河。（二）自黑海至亚美尼亚上陆，出底格利斯河，皆入波斯湾。（三）自亚力山大里亚溯尼罗河，绝沙漠出红海。（一）（二）皆为突厥所断。（三）则绝漠不便，故须别觅新航路。于是欧人不得不别觅新航路以通东方。适会是时，罗盘针输入西方，欧人遂能为远洋之航行此事亦在十字军时。十字军起于公元1097至1270年，当北宋哲宗绍圣四年至南宋度宗咸淳六年也。前此西人实亦仅能为缘岸之航行，地中海航业特盛，北海、大西洋能涉之者颇鲜，而海道之形势一变。俄人渐次兴起，转能侵略亚洲，而自古无足轻重之西伯利亚，遂成为亚洲东北的一大威胁，从此陆路之形势亦一变。

欧人自海道东来，初占势力者为西、葡。葡人以明宪宗成化二十二年（1486）越好望角，孝宗弘治二年（1489）至印度，世宗嘉靖三十五年（1556）至广东，穆宗隆庆元年（1567）得澳门为根据地。是为欧人来中国通商，得有陆上根据地之始。西人以弘治六年（1493）至美洲。武宗正德十四年（1519）而麦哲伦始作环球航行。西人之至中国者，为葡人所阻碍。其所经营之马尼剌，则颇为繁华，中国人之前往者颇多，盖西人之经营南洋也，以政治之力，中国人则以民间之力。南洋在政治上为西人所占，虽在是时，而中国人向南洋之拓殖，亦即在是时也。西、葡之势力，其后渐为英、荷所夺，然英人之至中国者，仍为葡人所阻碍，惟在印度，则逐渐得势。鸦片之输入，遂代天方泛指阿拉伯而转盛，伏下中英冲突之机。荷人以初据台湾，后为郑成功所夺，清人尝约其夹攻郑氏，许其每八年一至广东，然其贸易，亦无甚足观。惟在南洋，亦次第得势，而爪哇一岛，尤为繁盛扼要而已。

欧人之自海路来此，其与中国之旧关系，为通商、传教两问题。以通商问题言，则（一）历代对外收税之官吏，夙极黑暗设市舶司时较清明，及归地方管理时，黑暗乃甚，此亦见中央集权之效，而商人之欺诈剥削亦甚，此时犹一仍其旧。（二）近代西人东来，又多冒险之野心家及水手，行为皆极恶劣，足以引起华人之畏恶。（三）中国人虽发明火药，而近代之枪炮，则西人实创为之，其制较中国为精，其船舶亦较中国高大而坚固以欧人是时航行远洋，而中国止为缘岸之航行故也，更是遭中国人之疑忌。（四）于是在政治上在民情上与贸易无关系之人，皆不欲与欧人贸易，至少欲加以限制，而与贸易有关系之官吏商人及其他人等，则因顾其私利而不肯，然又畏政治上及舆论上之监督，不得不设为相当的限制。于是（1）贸易为公行所专。（2）而官吏即委以监督保护外人之责，使不与人民发生冲突。以是时之官吏，固不通外情，不能自负此责也。于是（A）商人得有剥削外人之机会。（B）而管理外人之苛例繁兴，西人不知中国情形，乃欲诉诸中央政府，殊不知是时之中央政府，其欲限制外人，乃较地方官吏更甚。此所以乾隆二十二年（1757）英人舍粤趋浙，而浙海关旋遭封闭。其后，五十七年（1792）及嘉庆十五年（1810）两次遣使赴京，要求改良通商章程，而卒无效也。至于传教问题，其足引起中国人之畏恶，殆较通商为尤甚。以通商仅在一隅，传教则遍及全国也。近世基督教之东来，乃由其所谓耶稣会者为先锋，此会颇能提高基督教之教育程度，故科学亦随之输入。惟（一）宗教本有排外之性质。（二）中国人对宗教之迷信不深，政府亦向不重视宗教，对于西人传教之热心，及其教会之出巨款补助，不能了解，遂生疑忌。其科学之输入，虽为一部分人所欢迎，而大多数人，则因此而疑忌更甚读杨光先《不得已书》可见。此书见解，在今日读之，似觉其僻，然在当日，实大多数人之见解，此书特其代表耳。清圣祖颇为科学，任用西教士极多，然亦言西洋各国，中国千百年后，必受其害，实亦是此等见解也。故教禁屡施屡解，至康熙五十六年（1717）卒仍遭受禁止近代基督教之入中国，始于利玛窦至澳门，时在明神宗万历九年（1581）。二十八年（1600），利玛窦入朝，神宗许其建立教堂。利玛窦死而教禁起，后因与满洲战争，召其人制造大炮而解。时中国历法舛误，徐光启荐汤若望修历，历成，未及颁行而明亡。清人入关，汤若望上书自陈，清人即用其历，名时宪历。康熙初，为杨光先所攻，得罪，郁郁而死。光先代为钦天监监正，后以推步舛误见黜，仍用南怀仁。康熙一朝，任用教士极多，然至末年，卒仍布教禁，其人除在京当差者外，皆勒归澳门。各地天主堂，悉改为公廨。自此至《北京条约》立时，教禁迄未尝弛，然其秘密传教如故。则以西人传教，多有款项周恤教徒，而中国行政无力故也。

俄人之与中国，则自始所发生者，即为政治关系。俄人之脱离蒙古羁轭而自立，事在明宪宗成化十六年（1480），其后可萨克族附俄，为之东略，而西伯利亚尽入其手。至明清之间，侵略遂及黑龙江滨，于是两国构兵，而有康熙二十七年（1688）尼布楚之约，规定西以额尔古纳河，东以外兴安岭为界。是岁，准噶尔袭击喀尔喀，圣祖为出兵攘斥，而外蒙古驯服于清，于是蒙俄之疆界问题生。至世宗雍正五年（1727），乃有恰克图之约，规定沙宾达巴哈以东之蒙俄疆界。至高宗乾隆二十至二十四年（1755–1759）平定准噶尔及回部，葱岭以西诸国，多来朝贡，而中国西北，与俄分界及藩封谁属之问题又生。俄人与中国之交涉，虽以政治问题为重，然通商方面亦非无关系，《尼布楚条约》定后，清圣祖尝许俄人三年一至北京贸易，人数以200，居留以80日为限，皆免税。此实后来中俄边界贸易百里内皆免税，及陆路通商减税之根源也。《恰克图条约》以恰克图及尼布楚为互市之地。乾隆二年（1737）高宗命停北京贸易，专在恰克图。盖欲加以封锁，然其源既开，其流即不可塞。故至五口通商之后，而此封锁卒又被突破焉。

山雨欲来风满楼，中西冲突之情势，酝酿复酝酿，而卒爆发中英鸦片战争之役，此役看似烧烟而起，实则通商上种种的症结，郁而必发，烧烟特其导火线耳。其结果，中国因兵力不敌，定海、宁波先陷，上海继之；英人复入长江，封锁镇江，逼迫江宁；清人不得已，于江宁议和，订立条约（一）开广州、厦门、福州、宁波、上海五口通商。（二）英人得任意与华人交易，毋庸拘定额、设行商。（三）进出口税，则秉公议定。（三）中外官员来往体制平等。所以破英人在陆上无根据地，口岸任意开闭，税则繁苛，商人剥削，及官吏妄自尊大之习。又（五）割香港。（六）索偿烟价及商欠。因英人本有在中国缘海占一据点之议，而此二事，又为后此割地赔款之先河焉。

中英条约既立，法、美、瑞典继之。俄人要求在伊犁、塔尔巴哈台、喀什噶尔通商，中国许伊、塔两处，于道光三十年（1850）立约，而海口通商，则遭拒绝。《尼布楚条约》定时，俄人在东方之实力，不逮中国，此时则适得其反。俄王任穆拉维约夫为东部西伯利亚总督，锐意经略，黑龙江外之地，殆悉为所占，并自由航行黑龙江时俄外交大臣尼塞劳尝致书中国理藩院，请遣使勘定恰克图约中未定之界，中国数度遣使，卒未与俄外交部所派之使相遇，此亦外交上之失机也。中国无如之何也。时英人在广东，锐意欲入省城，耆英以钦差大臣，在粤办理通商事宜，业已许之时耆英与英人立约，许舟山群岛不割让他国，且许英人入城，而英人交还虎门炮台。而粤民执乾隆时西洋商人不许入省城之谕以拒，且自办团练，以御英人，耆英知交涉难办谋内召。徐广缙、叶名琛为督抚，皆有虚骄之气，英人闯入省河，团练列两岸以拒，英人虑激成事端，遽退，广缙乘机与英人立《广东通商专约》，以不入城列入约中。事闻，朝旨大奖之，然此等不省外情，又无实力之交涉，卒不可持久。广缙去，名琛代为总督，以亚罗船事件与英人龃龉。时广西亦发生杀法教士事，俄美二国又欲改订商约。于是俄美遣使，英法派兵至广东。英法兵遂陷省城，执名琛而去，时文宗咸丰七年（1857）。四使北上，至江苏。时清人务避中央政府与外人直接交涉，命英、美、法使回广东，听候查办。而以俄事委黑龙江将军。四使不听，仍北上，朝廷不得已，遣使至天津，与之立约，是为咸丰八年（1858）之《天津条约》。明年，英法使臣来换约，清人方在大沽设防，命其改走北塘，不听，闯入大沽，为炮台守兵击退，狼狈走上海美使后至，道走北塘，换约而去。然各约皆有最惠国条款，故英法约后，所有权利，美人仍得享之也。朝命废约重议。又明年，英法兵遂陷北京，文宗先已走热河，其弟恭亲王奕䜣留守，以俄使居间，与英法别立《北京条约》，承认《天津条约》，又有增加，凡（一）

领事裁判，（二）关税协定，（三）内地（A）游历，（B）通商，（四）传教，（五）各国遣使，（六）最惠国条款，均于此两约中确定。此两约为前此诸条约之整理，而又有增加，后此中国与西洋各国所订之条约，悉以此为蓝本，故中国与西洋初期之交涉，实至此订立如许不平等条约而告一段落。

俄国津约亦许（一）海口通商。（二）传教。（三）又许自北京至恰克图之公文，由台站行走，于是北方之藩篱突破矣。（四）又许查勘边界，因此乃有（A）是年之《瑷珲条约》割去黑龙江以北，而以乌苏里江之东为两国共管之地。（B）十年（1860）中俄《北京条约》，则（甲）并割乌苏里江以东，（乙）又许（1）于库伦设领，（2）自恰克图至京，经过库伦张家口，零星货物，亦许销售。（3）又开喀什噶尔。（4）自沙宾达巴哈以西之界，规定大概，以俟测勘。其后同治三年（1864）乃本此而立界约，（子）科布多，（丑）乌里雅苏台，（寅）塔尔巴哈台所属，均会勘完竣，立有界牌。（卯）惟伊犁所属，因回变未克完竣，遂酿成俄人占据伊犁后之交涉。

第三章　鸦片战争前之国内情形

中国既遭遇旷古未有之变局，是时之情形如何，自应加以检讨，今分社会及政治两方面述之。

社会方面：（一）中国人对外之观念，本属宽大。《尚书大传》述越裳氏来朝，周公谓政教不加，君子不受其贡贽，此为古代之见解。降及汉代，匈奴呼韩邪单于来朝，萧望之不欲其受臣礼，犹沿此等见解之旧。自五胡乱华，中国人颇受其压迫，对外之观念稍变。辽金侵入，汉人之受压迫弥深，见解之变亦弥甚，遂有所谓尊王攘夷之说尊王攘夷之观念，发生于北宋之世，实晚唐时裂冠毁冕之反响，亦沙陀、契丹等侵入，有以激之使然也，至南宋而此观念益形发达。胡安国之《春秋传》，可以为其代表。对外之观念，寝流于褊狭。（二）且民族主义，须有智识以行之民族主义，推至极端，实有弊害，唯有能受理性之支配，方可收其利而不受其害。而宋学末流入于空疏，加以科举之流毒，空疏更甚，遂至于外情茫无所知，而一味盲目排斥，几与愚民无异。（A）且如古代交通不便，各地方之风俗亦不同，以君主一人之野心，劳民伤财，妄事开拓，实无益而有损，故以勤远略为戒。然后世（甲）防御，（乙）防御性质之攻战及要点之据守，则迥非其伦矣。乃至清代，西人东来后，有以讲究边防，研求外情之说进者，迂儒犹以为勤远略而反对之。（B）又如古代工业，墨守成规，而其时社会，严禁奢侈，故有作奇技淫巧以疑众者杀之说。欧西机械，或益民用，或资国防，迥非其伦，乃亦以为奇技淫巧而妄加反对。此等锢蔽之见解，深入其心，加以（子）外力之压迫，（丑）宗教之畏恶，动于感情，劫于群众，其见解之牢不可破也遂弥甚。士人如此，愚民受其诱导，其盲目自更不待言矣，遂致新机之启辟甚难，仇外之风潮屡起。

政治方面，则一概沿闭关时代之旧，于竞争极不适宜。其最甚者，（一）行政机关组织之不善，盖自贵族阶级崩溃以后，官僚代之而居治者之位置，凡阶级之性质，恒欲剥削他阶级以自利，君主之责任，则在调和两者之间，而求其平衡，故为治最要之义，在能监督官吏，不使虐民太甚，政治遂偏向此路发达。治官之官日多，治民之官日少，夫无治民之官，则无治事之官，而百事皆废矣。况于真正办事者，尚非官吏，而实为人民自己。近代亲民之官，必称州县州指散州言，实即古代之国君，仅能指挥监督，而不能真办事，何者，势有不及，力亦不逮也。真办事者，实惟县以下之自治职，而（A）官吏每向此等人压迫，以图自利。（B）又平民生活，极为痛苦，其狡猾者，乃与官僚阶级相结托，以鱼肉平民。于是地方自治之职，本古士大夫之流，日受压迫，沦于厮养，自治之权，渐入土豪劣绅之手，凡有兴作，无不诒害于民，言治者遂以清静不扰为惟一方术，寖至百事皆废，其或迫于时势，必须有所举办，亦皆有名无实，所谓纸面上有，实际则无也。（甲）政治组织机关之坏，至清代而达于极点，因（1）督抚，（2）藩臬，（3）自藩臬分出之道，（4）府直隶州厅，（5）县及散州厅，实际乃有五级，抑压甚而展布难，亲民之官，即使按法奉事上司，已觉不逮，况乎非法之伺应而婪索多耶？（乙）又清代政治偏于安静，不肯擢用奇才异能及年少有为之士，而专以例督责其下此由鉴于明代之弊而然。例非吏不能悉，遂至大权操于胥吏之手，而欲有所兴作益难。（二）至于为官吏之人，则以正途为尚。（甲）明清两代，所谓正途者，率由科举出身，科举本属良法，惟在唐宋时代，已不能尽切于实用，至明清又将前此之分科，悉并为一，事实上科举已非普通人所能应，乃不得不放弃一切，而只看几篇四书文，而其所谓四书文者，又别成为一种奇异而不合理之体制。即四书亦不必真通，而其体制，却颇足消磨精力，士人遂致一物不知。（乙）清代又因筹款屡次开捐，末年更裁减其价，以广招徕，于是仕途之流品益杂。其知识及道德水准，较之正途出身者，更形低下，末年官方之大坏，职出之由。（三）以兵力论，则（甲）中国承平时代，只可谓之无兵，何者？凡事必有用，人乃能聚精会神以赴之。若其为用渺不可知其在何时，未有不以怠玩出之，而寖至于腐败者也。此为心理作用，受时势之支配，无可如何之事。历代注重军政，若宋明之世者，其兵力虽云腐败，兵额尚能勉强维持。清代则文恬武嬉，兵额多缺，而为武员侵蚀其饷。存者亦不操练，一以武员之怠荒，一以兵饷太薄，为兵者不得不兼营他业以自治，更无操练之余暇也。（乙）近代火器发明，实非人力所能敌，亦为兵事上一大变。（四）兵事如此，（甲）边防自更废弛，（乙）对于藩属之控制，亦自更粗疏矣。（五）又中国近代，富力与西洋各国相差太远，社会经济落伍，赋税之瘠薄随之。清代经常收入，恒不过四千数百万，即其末年，亦不过七八千万，尚安能有所举措耶？

在此情势之下，不能不遭一时之困难也决矣。

第四章　外力侵入时代中国之情形

凡民族之文化，发展至一定程度者，虽因（一）社会内部之矛盾，随文明之进步而深刻。（二）旧时国民与国家关系之疏松，一时为外力所侵入，然其光复旧物之力，终潜伏而不至消亡。（A）其在上层社会，则从事教育及文学为精神上之留诒。（B）在下层社会，则从事于秘密结社，为实际的行动。前者如宋明之遗民故老，其著述事迹，有传于后者皆是。后者如元末之革命，首先北伐者，实为白莲教徒刘福通，可知是时之白莲教，业已渗入民族主义之成分矣。书缺有间，其详已不可考。明清之际，则为时较近，其事之传者亦较详。其大略见日人所著之《中国秘密社会史》。以旧时国民与国家关系之疏松，而种为虎作伥之恶势方盛，不得不潜伏以待时机。乾隆时表面虽称全盛，实则政治黑暗，社会风俗亦日益奢侈腐败，渐入于民穷财尽之境，于是川楚教民之起事乾隆六十年至嘉庆七年（1795至1802），继以天理教徒之密谋嘉庆十八年（1813），略与川楚教民同时者，东南又有艇盗大略自乾隆五十四年至嘉庆十年（1789-1805），人心动摇，治安岌岌不可保矣。然此尚限于局部，至道光三十年（1850），乃有太平天国起。太平天国起于广西，出湖南，下武汉，抵南京，定都焉。复分兵西上，北出之兵，战斗力甚锐，以孤军无援，卒为清人所灭。西上者连下安庆、九江，复取武汉，然天国诸豪都是下层社会中人，天王洪秀全盖长于宗教，而短于政治及军事，非如历代开国之主,能驾驭英雄,收率贤才也。大权乃落于杨秀清之手。杨则器小易盈,骄暴淫逸,遂致天京内讧始起,诸王互相残杀,石达开较有雄略,别为一军,远出不复归。下游仅余一李秀成,竭力支柱,而资浅望轻,卒难挽救。清朝则胡林翼先占定武汉,曾国藩又办团练于长沙,出境征伐。林翼死后,国藩总揽全局,负发纵指示之责。李秀成虽破苏松,下浙赣,卒为李鸿章率淮军所厄。而太平天国遂亡清穆宗同治三年(1864)。其起事于苏皖鲁豫之间,至天国亡,余众与之相合,而声势骤盛者,为捻党。捻党多马队,本易流动,而曾国藩创圈制之法,其所筑运河、贾鲁河间之长墙,虽为捻党所突破,分为东西,然卒为李鸿章及左宗棠所扑灭东捻亡于同治六年,1867年,西捻亦回师东方,亡于其明年。回事起于云南清文宗咸丰五年,至穆宗同治十一年(1855-1872),云南回事为岑毓英所平。西北则马化龙、白彦虎起事于甘肃。妥得璘乱于新疆,敖罕复乘机入犯,其将阿古柏,废所奉回教教主之裔而代之,灭妥得璘,几尽据新疆之地。英、俄、土耳其皆与通使,英人复为之请封。朝议欲弃其地,左宗棠持不可,于捻党平定后,出兵先肃清陕西、甘肃,继平天山北路,进平南路。阿古柏不能抗,其本国敖罕,复于是时为俄所灭,乃自杀。白彦虎与阿古柏子伯克胡里均奔俄,而新疆平清德宗四年(1878),仅伊犁一隅尚为俄人所据。

综观清代咸同之间,几于无一片干净土,而卒能次第平定,无怪当时之人,志得意满,颂为中兴也。推原其故,盖由:(一)诸起事者,仅太平天国,少有宗旨,然其始起诸人程度本属不足,其所设施,均不足以成大事太平天国初起时,曾发布讨胡之檄,使专以此为宗旨,自较易得士大夫之赞成,顾其所谓上帝教者,带西教之色彩甚重,是时西教为大多数人所厌恶,其易引起反感者势也。无可如此径直推行之理，此固中外平民革命之通蔽，不能专为太平天国咎，然其不能成事则无疑矣。以军事论，抵武汉后，宜悉众北上，此时清朝尚无预备，其力亦薄弱不堪，使能直抵北京，则全国震动，而清朝亦失其发号施令之中枢，局面与后来大异矣。乃缘江而下，先据东南富庶之区，遂流于骄奢淫逸，使北上之孤军，战斗虽烈，卒遭歼灭，此实其失策之大者。观其既据金陵后，北上之军，犹能纵横驰骤，直薄畿甸，则知其初苟能全军北上，其形势必大非后来之比矣。逮湘淮军两路攻逼，形势已危，仍有劝其悉众向西北者，谓其地为清长江水师势力之所不及，且难得外人援助也。而太平天国又不能用，此亦为其最后之失策。而出江以后，胁从日众，初起时之农民革命性质渐变太平天国亦有类乎社会政策者，然其见解浮浅，手段太径直，决无可成之理。后来变质耽于享受，流于淫奢，亦为其失败之原因。且其定都天京以后，自广西来的诚朴壮健之农民日少，而湘淮军却专用此等人，亦其成败所由异也，遂至一败涂地。（二）而清朝是时之政事，确比历代灭亡时为清明。（三）湘淮诸将帅中，又颇多人杰，固无怪其能后延数十年之命运也。然是时清室之君臣，以之应付旧局面则有余，以之应付新局面则不足，故对内虽能削平变乱，对外则着着失败，终致不可收拾焉。

  清文宗盖一多血质之人，即位之初，颇有意于振作，后睹时局之艰难，遂亦心灰气短，恣情安乐。载垣、端华、肃顺因而蛊之，以窃其权。三人中肃顺颇有才能，能赞文宗任用汉人，实为削平变乱之本，然骄横亦最甚。文宗死于热河咸丰十一年（1861），子穆宗立，年幼，肃顺等自称受顾命。穆宗生母叶赫那拉氏与恭亲王奕䜣密谋，定回銮之计，至京，猝诛杀三人，那拉氏遂与文宗后钮钴禄氏同垂帘听政，实权皆在那拉氏手。那拉氏颇聪明，能听断守文宗任用汉人之策不变，用克削平内乱，然（一）自此流于骄淫，政事日形腐败。

（二）又其新智识不足，对于世界情势，茫无所知。（三）且性好专权，以纳后事，与穆宗不协，穆宗郁郁，遂为微行，致疾以死同治十三年（1874）。醇亲王奕𫍽之妻，那拉氏之妹也，实生德宗，那拉氏违众立之。然德宗既长，复与那拉氏不和，遂为晚清朝局变乱之本。

中国初与外人交接时，于外情茫无所知，只知一味排斥。至湘淮军诸人物，则经验较富，其时上海方面，曾借洋兵之力，以却太平军，后因用外人教练中国人，谓之常胜军，收复东南，颇得其力。因知外人军事之长，亦知交涉不当一味深闭固拒，又知欲敌外人，不能不学其长技，然其所知者，亦但在军事方面，因此而及于制造，又因制造而涉及科学而已。陆军改练新操，谋建设海军，设制造局，派幼童出洋留学，及于国内设广方言馆等，均在此时。此等改革，其于大局影响不大。外交上革新之机，起于同治六年（1867）派志刚、孙家谷出使各国，实则主持其事者，为美人蒲安臣，对欧美诸国，申明以后交涉，当本于公道，不可倚恃强力与美人曾立约八条，于欧洲各国，则未及立约，此次使事未终而蒲安臣死，亦其进行停顿之一原因也，惜后来未能本此进行。此时主持交涉者，为总理各国事务衙门，其中人物，智识大都锢蔽，且多溺于敷衍之习，罕肯留意讲求外情，对于外人仍存深闭固拒之见。外国遣使来求立约者，多拒绝其登岸。外人乃诈称为已立约国公使之亲戚，由其迎入使馆，然后由该公使代为请求，谓之介绍，中国又不能不允。其所立约稿，则即由介绍国之公使，为之代拟，多即以该国之约为蓝本，不平等条约之束缚，因之愈积愈深至光绪元年（1875），与秘鲁立约，乃思有所挽回，条文稍异于旧。然与此等小国所立之约，不能有何影响也。

此时交涉之惊心动魄者，第一为中俄之伊犁交涉。同治十年

（1871）俄人乘回民起事，占据伊犁，清人与之交涉，俄人漫言乱定即还，意谓中国必不能平新疆也。及新疆既平，中国复求交还，俄人无词以拒，乃欺使臣崇厚之无识，仅与我一空城，尽夺其四周险要，且索广大之权利以去。中国下崇厚于狱，派曾纪泽使俄求改约，虽亦有所争回，然所丧失者，固已多矣约成于光绪七年（1881），此为西北之侵略。俄人先于同治元年，即1862年与中国订立《陆路通商章程》，同治四年（1865）、同治八年（1869）又两次修改，许俄人于两国边界百里内无税通商，中国设官之蒙古地方亦然。未设官者，则须有俄边界官之执照，乃许前往。由陆路赴天津者，限由张家口、东坝、通州行走。张家口不设行栈，而许酌留货物销售，税则三分减一。崇厚之约，肃州、吐鲁番、科布多、乌里雅苏台、哈密、乌鲁木齐、古城均许设领。纪泽之约，限于肃州、吐鲁番，其余五处，订明俟商务兴旺再议，而将蒙古贸易扩充至不论设官未设官处，均许前往。凡设领之处及张家口，均放造铺房行栈，天山南北路通商，亦许暂不纳税。案中国是时所急者，不在索回伊犁，而在续行勘界，界线定，则伊犁不索而自回矣。急于收回一城，反致受人要挟，实一失策也。

其西南之侵略，则始于同治十二年（1873），许英人自印度入云南。光绪元年（1875）英员行至蛮允被杀，交涉几致决裂，卒于其明年立《芝罘条约》，许英人（一）自北京经甘肃或四川入西藏，自藏入印度。（二）又或自藏印边界上前往，后印度半岛诸国，安南、暹罗、缅甸为大。安南在近世，有新旧阮之争，旧阮为新阮所覆，中国弗能正明成祖永乐六年，即1408年，平安南，宣宗宣德二年，即1427年，复弃之，其时王安南者为黎氏。世宗嘉靖七年，即1528年，为其臣莫氏所篡，走保西京，神宗万历三十年，即1602年，复灭莫氏。明以莫氏受都统使之职，为内臣，来讨，且立其后于高平，黎氏亦如莫氏，削国号,受明都统使之职,事乃已。自是黎莫并立。清圣祖康熙十三年,即1674年,黎氏复灭莫氏。黎氏之复国,多得其臣阮氏之力,而任用外戚郑氏,阮氏遂南据顺化,形成独立,惟对黎氏尚称臣而已。高宗乾隆五十二年(1787),西山豪族阮文惠兄弟灭顺化之阮氏,是为新阮。顺化之阮,则称为旧阮,新阮遂入东京,灭郑氏,篡黎氏。明年清高宗出兵征之,为所败。又明年,遂因其请降而封之,其王乃走海岛,介法教士乞援于法。法人亦仅使军官之具有志愿者援之而已。事成旧阮恢复之主名福映,其灭新阮,在嘉庆七年即1802年,仍请封于中国,并请改号为越南,许之,顾依原约求割地,越南弗与,且以传教事屡与法人龃龉,终致启衅,越南屡败,割地乞和。同治十三年(1874)法与越南立约,认为自主之国。光绪九年(1883)又以为保护之国,中国弗认,出兵援越时越南政府不能控制全国,其东北境仍有战争。兵之出云南、广西者皆不利,李鸿章与法使定约天津,承认法越前后条约,旋以撤兵期误会,复起冲突,法军袭福州,败我海军,然攻台湾,不克,我冯子材复有谅山之捷,而李鸿章仍与法言和,认越南归法保护。是役也,论者多为中国惜,然是时之外交,非对一国一事之问题,即专就此役论,一胜亦未必可恃,亦不得以是为鸿章咎也。然光绪十三年(1887)所订条约,开龙州、蒙自、蛮耗通商,二十一年(1895)之专约,以河口代蛮耗,复开思茅,且许越南铁路得接至中国,则窥伺及于滇桂矣。缅甸在明代,尚为中国之土司,故明初西南疆域,实包举伊洛瓦底江全流域,而兼有萨尔温、湄公两江上游,其后平缅、麓川之思氏亡,而缅甸遂强,而中国实力,西仅至腾冲,南不越普洱,遂渐成今日之境界。自英据印度,缅与之邻,兵衅时启,缅人累败,割地孔多,光绪十一年(1885)英人乘中法相持,遂灭之,中国无如何,亦于其明年立约承认。暹罗以英法相持幸存,然亦非复我之藩属矣。光绪二十三年（1897）中缅条约附款复许缅甸铁路通至云南，此西南剥床及肤之大概也。

俄人之侵略东北及西北，其声势之浩大，实为可惊，顾犹未能全力进行，至英法之于西南，则其进行更缓，且西南地势闭塞，其足影响大局，又非北方比也。至风云起于东亚，而形势乃一变。东方大国，沐浴我国文化者有二：一朝鲜一日本是也。顾两国之国情不同，朝鲜右文，日本尚武。力有所蕴者，必罄泄之而后已。故日本而盛强，其影响终必及于朝鲜，而且必不能止于朝鲜；而日本之发展，以东洋为其主要地带，一展拓，即与我最繁荣发达之地相触，其形势自又与西洋诸国不同。日本之与我立约，始于同治十年（1871），彼此皆限定口岸通商，领事裁判权彼此俱有，关税亦皆为协定。此时日人颇有与我相提携以御西方各国之意，顾诚欲与我相提携，则应开诚布公，商订一平等之条约，以为模范，不应思以泰西各国与我所订不平等条约为蓝本，不得所求，则怏怏不乐。而中国于是时亦应与日本开诚布公，商订一平等之条约，不应沾沾然，以失之于泰西者，不复失之于日本自慰，两国之外交家皆无远大之眼光而仅计较枝节之利益，此实使中日交涉走入葛藤之途之第一步也。然欲求东亚的安定，端在中国之富强，中国一时不能兴盛，而日本顾发展甚速，则两国间之葛藤，迟早必起。故此次交涉，虽不善，然即有眼光远大之外交家，能规永久之利益，而以后此两国发展之参差，亦终必至于引起葛藤，亦不足为此一事咎也。日本之外交喜恃强，于是有同治十三年（1874）因台湾生番杀害其漂流人，派兵入台之举。光绪五年（1879）又县两属之琉球，我争之无效。前此三年光绪二年（1876）日已与朝鲜立约，认为自主之国。李鸿章乃劝朝鲜与美、英、法、德次第立约，以图牵制。约中均订明朝鲜为中国属国，国际法上之解释，遂生两歧。

然是时，亦非复法律能解释之问题矣。光绪八年（1882）朝鲜内乱，中国派兵前往镇定，日本亦派兵而后至，无所及，中国兵遂留驻朝鲜。十一年（1885）日使来，与李鸿章定约天津，约定彼此皆撤兵，嗣后如欲派兵，必互相知会。中日在朝鲜，遂立于同等地位。据李鸿章言，此约因将士远戍苦累，又外交事件应付非易，军人驻扎于外，或恐转致纠纷而然。中国是时，欲经营朝鲜，兵力人才，固均苦不足也。光绪二十年（1894）朝鲜复内乱，求救于中国，中国兵至，乱已平，日人亦多派兵，中国要日俱撤兵，日本不可，而要中国共同改革朝鲜内政，中国亦不许。兵衅遂启。先袭败我海军，其陆军渡鸭绿江，陷辽东缘海城邑，别军攻辽西，又陷旅顺，犯山东，我海军于威海卫，又南窥台湾、澎湖。明年，李鸿章如日本，定和约于马关，（一）中国认朝鲜自主，（二）偿款二万万两，（三）割辽东半岛及台澎，（四）改订商约，悉照泰西各国之例，（五）开沙市、重庆、苏、杭为商埠，（六）许日人在通商口岸，从事制造。第四项乃日人求之多年，而中国未肯允许者也。旋以俄、德、法三国干涉，乃许我以3000万两赎还辽东，自此战后东方之形势大变，而中国之积弱，更暴露于天下矣。

时李鸿章主联俄，俄人乘机以诱之，于是有光绪二十二年（1896）之中俄密约，许俄人建造东省铁路此系条约上之旧称，近时书籍多称为东清铁路，乃日本人所用之名词也。其明年，德占胶州湾，立租借99年之约，且许其建造胶济铁路及开采铁路缘线30里内之煤矿。于是俄人租借旅顺，并得展筑东省铁路支线；英人租借威海卫，法人租借广州湾，皆在光绪二十四年（1898）。遂以分割非洲时所用势力范围之名词，移而用之于中国。要求我国宣言某某地方不割让，各国即认为其势力范围，而各于其中，攘夺权利焉。瓜分之论大炽。明年,美国务卿海约翰以开放门户,保全领土之旨,照会英俄法德意日六国,六国覆文皆赞成之。其办法,则(一)各国对于他国之利益范围,或租借地域,及他项既得权利,彼此不相干涉。(二)在其范围内之各港,遵守中国海关税率,并由中国征收。(三)对他国船舶所课入口税,不得较其本国为昂,铁路运费亦然,所谓均势之论也。自清末至民国初年之外交,则均势瓜分两力之消长而已。

第五章　变动中之中国

从五口通商至甲午之战，为中国受外力压迫之时代；自甲午之战以后，可谓中国受外力压迫而起变革之时代。革新之原动力有二：（一）士大夫，（二）平民也。前者恒侧重于政治之改革，后者则较易注重于社会方面，亦易倾向民族主义。前者，康有为等之主张变法维新代表之。后者，孙文之革命代表之。革命之事体较大，久静之社会，骤难大动，故跃登舞台者，以前者为先。

中国学术，本重经世，宋学者尤饶有此种精神，惜其末流，学问失之空疏，又因附和者多，寖成叫嚣之习。空疏者昧于事势，叫嚣者惟便私图，遂至酿成党争，既为明主所不容，亦为舆论所厌恶，学术界之风气，遂一变而为清代之考据，饶有为学问而学问之精神。然与世务，则几无关系矣。物极必变，而清中叶以后，时势之艰难，又有以驱迫之，于是龚自珍、魏源等之学，乃寖寖复重经世，至康有为乃大发扬其光辉。士大夫结合莫便于讲学，清代久悬为厉禁，至其末叶，政治之力既弛，讲学之风复起。康有为讲学于广东，门下颇多达者。甲午战后，有为立强学会于北京，为言官所劾，被禁。其弟子梁启超办《时务报》一种旬刊之名于上海，风行海内，变法维新之论遂为开通之士大夫所共赞。清德宗颇聪明，而亦懦弱，为太后所制，不能有为。中俄密约既立，德宗感时事之亟，决意变法图强，不次擢用康有为等，乃有戊戌之变法光绪二十四年（1898）。旧党恚之太后，太后再垂帘，幽帝，杀六君子谭嗣同、康广仁、林旭、杨锐、刘光第、杨深秀，康有为、梁启超走海外，太后欲捕之不得，欲废德宗，又为舆论及外国公使所尼，遂致激成义和团之变。

义和团者，代表中国极旧之思想者也，其意以为（一）外人之可畏者惟枪炮；（二）外人可拒绝之使勿来；（三）欲拒绝外人，端赖中国人民之团结，因少数客籍，必不能敌多数土著也；（四）会党本以反清复明为宗旨，然此等人对于史事，本不明晰，加以是时外力之压迫綦重，对清人之仇恨，遂稍淡忘，反清复明之团体乃一变而为扶清灭洋。在朝廷上，（A）顽固大臣之见解，亦有与此种极旧之见解无殊者，即太后亦不能免；（B）太后因图废立，立端郡王载漪之子溥儁为大阿哥，载漪欲其子亟登大位，宗戚中，亦有欲立拥戴之功者，既为舆论所不与，又受公使之警告，乃冀于乱中取事；（C）疆臣又或不敢有所主张，惟朝命是听，遂致纵容拳民，毁铁路，拆电线，仇视外人，并及华人之习新事物者，后遂攻击使馆，并与各国同时开战。其结果，京城为英美德法奥意俄日联军所陷，太后及帝走西安，仍起李鸿章与各国议和。赔款至4.5亿两；划定北京公使馆界址，专归外人保护；毁大沽及自北京至海口之炮台，许各国在一定地点驻兵，保护自北京至海口之通路，是为庚子事变及《辛丑和约》。其流毒，盖至今未已也。方难作时，东南督抚，相约不奉伪命，与各国领事立互保之约。而黑龙江出兵攻俄，三省要地，多为俄所攻陷，挟奉天将军以号令所属。和议起，俄人谓东三省情形特殊，当别议，暗胁中国订立条约，英美日等又向中国警告阻止，清廷左右为难，俄人迫于国际舆论，乃与清廷订立《东三省交收条约》光绪二十八年（1902），约分三期出兵，而仍不践约，遂致激成日俄之战光绪三十年（1904），俄师败绩，与日议和于美之朴茨茅斯光绪三十一年（1905）。（一）俄认日在韩国政治上、军事上、经济上之卓越利益。（二）将旅大转租于日，东省铁路支线，自长春以下，割归于日，即日人所称为南满洲铁道者也。约中关涉中国之条款，由中日订立《会议东三省事宜协约》承认之，并另开商埠多处，日人所设安奉军用铁路，许其改为商用，又许其采伐鸭绿江材木，东北之情形一变矣，而直北与西南，亦于此时多事。

中国历代之征服外国，看似出于君主之野心，实则思患预防之意多，开疆拓土之意少，所谓守在四夷也。历代管理外国，不外（一）就其通路，加以保护，如汉于西域设都护，以护南北两道是也。（二）择其要点，设官驻兵，以诸属部加以管理，如唐于属地设都护府是也。此皆所以防此等外藩侵犯中国，而非防更有强敌侵犯此等藩属，至近代，则情势迥异矣。然中国之对待藩属，仍系遵循旧法。当是时，欲图改革，亦有难焉者，何也？中国之实力不足，则不能御敌，欲求实力充足，必有所经营布置，而欲有所经营布置，则或非属部所乐，转易引起内讧矣。为中国计，当是时，惟有采用联邦之法，于军事、财政、经济、交通、外交荦荦大端，操诸中央之手，而其余则一听其自由，（一）所求者简，则中央易于为力。（二）变动不大，则藩属不致反对。（三）告以我之措置，又凡事与之和衷协商，则藩属必欣然从我矣。无如此等新政治，非中国秉政者所知。非放任不问，即欲径置诸我管理之下，于是有蒙藏改建行省之议。而不知蒙藏之情形，与新疆及东三省不同也。先是俄人颇欲勾引达赖喇嘛，英人恶之，乃于光绪三十年（1904）乘日俄战争，派兵入藏，达赖出奔，英人与班禅立约，（一）西藏不许外国人驻兵殖民。（二）土地、道路、矿产等不得抵押与外国或外国人。清廷再三与之交涉，卒于三十二年（1906）立约，承认英藏所订条约为附约，但于约中声明，（一）所谓外国及外国人者，中国与中国人不在其内。（二）英国不干藏政，占藏地。中国亦不许他国干藏政，占藏地而已。先一年，驻藏帮办大臣凤全为藏番所戕，中国因将川边之地改县，及其末年，用联豫为驻藏大臣，与达赖不协，调兵1500人入藏，达赖出奔印度宣统二年（1910），清人革其封号。前此达赖对英深闭固拒，藏英交涉，累烦中国之维持调护者，至此，达赖反暱就英以拒中国，而交涉弥棘手矣。对于蒙古，则清末用三多为驻库伦办事大臣，妄用严厉手段，俄人遂诱活佛独立，并攻陷呼伦贝尔宣统三年，1911年，分崩离析之象益亟。

然为中国之最艰危者，毕竟仍在东北，当日俄战前，侵略东方者为俄人，与俄利害最不相容者，自为英日，而德美次之，以德在东方，亦自有野心，而美亦不欲此大好之市场，为他国所垄断也。因此而有光绪二十八年（1902）之英日同盟，日本恃是，乃敢与俄开战，而战时，亦颇得此同盟之力。至战后，则日俄创南北满之名，隐然划定其势力范围，东北之逐鹿，遂不在此两国之间。《东三省交收条约》既立，中国拟借英款造新法铁路，日人指为南满路之平行线，尼之。中国不得已，如其意，而要求他日若造锦齐铁路，日不反对；后又欲延长之至瑷珲，俄人出而阻挠，美人乃有满铁中立之议，欲合若干国，共同借款与中国，俾中国将东北铁路赎回；在借款未还清时，铁路暂由借款诸国共同管理，禁止政治上军事上之使用，又因日俄两国共起反对而罢。至革命之年，中国乃有向英美德法银行团订立币制借款及东三省兴业借款之议，以各省新课盐税及东三省之烟酒生产消费税为抵，此盖有深意存焉，惜乎未及成而清亡，而此项借款，后遂递嬗为善后大借款，而四国银行团，亦递变而为六国五国也。见后。

《辛丑条约》既成，那拉后及德宗复还北京，政权仍在那拉后之手，至此亦觉无以自解，乃复貌行新政，以敷衍人民，然国民此时对清朝业已绝望，于是立宪革命之论大炽。光绪三十二年（1906）清朝下诏预备立宪，视预备之成绩，以定实行之期。三十四年（1908）定预备之期为9年。是年，德宗死，那拉后立溥仪，以载沣摄政，后亦旋死。宣统二年（1910）因人民要求，定于3年之后，开设国会，然是时之民意，又非复君主立宪所能满足矣。

中国地分南北中三带，北带本为政治之重心，然遭异族之蹂躏，又水利不修，生业憔悴，在近代，文化反较落后。中带是五胡乱华以来，即为中国文化之保存者，又为全国产业之重心，然其发展，偏重产业、文化方面，政治上、军事上之力量不足。惟南带地势崎岖，交通不便，发达较迟，故社会之矛盾不深，其民气最为朴实强毅。近代对外之交通，西南最早，故其渐染新文化亦较早。清末两大派之改革者，（一）士夫派之康有为，（二）平民派之孙文，（三）及前此虽不成而究为空谷足音之民族革命者太平天国，皆起于南方，非偶然也。

孙文之革命思想，萌芽于中法战后，光绪十八年（1892）始立兴中会。中国之社会本较散漫，惟会党略有组织，故初图革命时，所思利用者为会党。然会党虽含有革命种子，究之江湖豪杰之意味多，不甚足用也。日俄战后，文以赴日留学者多，乃如日本，改兴中会为同盟会光绪三十一年（1905）。士人之加入者始多，此等士夫，虽云在野，而于中国政治上，实饶有声势，后来入新军中运动者亦此曹。于是政治军事上之重心，稍暗移于革命党之手。辛亥之岁（1911）武昌起义，其势力非复前此偏隅起事之比矣。顾新军之力，虽较会党为强，然欲借武昌之义师，以推翻清朝，则实力究嫌不足。各省虽云次第光复，其力亦未足以会师中原也。其时清朝早已徒有其名，而怀挟野心之袁世凯遂乘机顿兵,与南方议和,而迫清室于中华民国元年(1912)二月十二日退位。孙文先已被举为临时大总统,就职南京,实力既未足勘定北方,乃不得不为调停之计,让位于袁世凯。民党中人,欲使世凯就职南京,免在北京为旧势力所包围,不克。时同盟会已改组为公开之政党,称国民党。孙文知政治一时无清明之望,欲退居在野之地位,专办实业,而国民党不能听其指挥,在国会中,政府与国民党之议员,遂立于对立地位。袁世凯专务排除异己,政治既不清明,对外交涉,尤多失败。清末之四国银行团,英美德法恐排除日俄之不妥,劝其加入,变为六国银行团,承借中国政府之政治借款。美国总统以其要挟太甚,命其国之银行团解散,又变为五国团。民国二年(1913)四月,中国以关盐余之全数为担保,成立善后大借款2500万镑。是举也,于北京盐务署设稽核所,产盐地方设分所,审计处设稽核外债室,实启财政部分监督之端。然(一)北方兵力本较强,(二)财力亦较充足,(三)人民是时尚未能尽了解新说,国民党不能宣传政见,反以叫嚣取厌于人,是时之新势力,遂不为民情所与。起于上海、南京及安徽、江西、湖南、福建、广东五省之二次革命,遂告失败。袁世凯乃无所顾忌,迫胁国会,选为总统,旋解散国民党,国会因之不足法定人数,遂于明年加以解散,改《临时约法》为《中华民国约法》,以参政院代行立法院职权。国会既已解散,无人能监督外交,而蒙藏之交涉,遂均于屈辱中解决,先是革命消息,传至西藏,藏人起而驱逐驻兵,达赖返藏,藏人进兵川边,川滇出兵剿办,已获胜利,而英人提出抗议,不得已改剿为抚。三年(1914)四月,与英人定约于西摩拉,英人承认中国对西藏之宗主权,而中国承认外藏之自治权。内外藏本无此名词,徒以红线画于地图上而已,而此所画界线,又为我所不能承认,其事遂成为悬案。俄人亦与外蒙立约,允代其保守自治,不许中国派官、驻兵、殖民,而别订商务专约,攫广大之权利以去。四年(1915)六月立约,俄承认中国在外蒙之宗主权,中国承认其自治权,十一月,并认呼伦贝尔为特别之区域。三年(1914)六月欧战起,日与英攻陷青岛,日人并占胶济铁路及青岛海关。明年,我国要求撤兵,英兵即撤退,而日人提出五号二十一条之要求,于五月七日发出最后通牒。我于九日承认,后于五月二十五日立约,外交之失败如此,人民自难心服。袁世凯顾图帝制自为,嗾其党羽,设立筹安会,妄云从学理上研究国体问题,电各省军民长官及商会,派代表入京,在京又有所谓公民团者,请愿于参政院,要求变更国体,参政院主开国民会议解决。及开,全体赞成君主立宪,于是委托参政院,推戴袁世凯为皇帝,世凯遂加以接受。于是蔡锷起护国军于云南,北方兵力虽强,顾无为世凯效力。贵州、广东、广西、浙江、湖南先后独立,陕西、山东亦有民军起事,英俄法意日又提出警告,世凯不得已,于五年(1916)三月二十二日,下令取消帝制;而护国军要求世凯退位,彼此相持不下,六月六日,世凯死,此问题乃告解决。

  清室至道咸时,实已不能自立,所以能复延数十年之命运者,实皆湘淮军诸将帅为之效力也。故自号中兴以还,寖成外重之势。湘淮军诸将帅至光绪朝稍凋落,惟李鸿章最老寿,隐然为政治重心,继起无人。袁世凯乃以诡谲之姿,强承其乏,其才本不足为首领,况复见解陈腐,妄思帝制自为,终以自贼邪?然袁世凯在,究尚有一形式上的首领,所谓北洋系军人者,不能公然叛变。及世凯死,则形式上之首领也失之,而所谓北洋系军人者,争思割据地盘,篡窃政权焉。此盖历史上数千年来军阀割据之局之复演,社会之情状不能骤变,政局之形势自亦不能骤变也,顾国家则深受其害矣,自西力东侵以后,中国与日本均思变法自强,中国之能讲求外情,且在日本之先,顾日本之维新成功甚速,中国则累遭顿挫者,日本是时正自分裂而趋于统一,中国是时,则适自统一而趋于分裂,此为近数十年强弱不同之大原因。其原因全在政治上。昧者或谓其民族性有优劣,则大误矣。社会全为环境所铸造,人之性质程度,不论其为何种何族,均相等。世岂有环境变而处于环境中之人能久而不变者邪?袁世凯既死,黎元洪以副总统入京代理,恢复《临时约法》,召集袁世凯所解散之国会。以政治论,以法律论,全国本可相安,顾元洪非北洋系中人物,所谓北洋系军人者,遂群思排挤之。六年(1917),德国宣布无限制潜艇战争,梁启超说国务总理段祺瑞参加欧战,冀可提高国际地位,于是始而抗议,继而绝交,更进而谋对德宣战。而国会中人,加以反对,总统府中人,亦有与国会相结者。段祺瑞一方面,乃又有收买所谓公民团者,迫胁国会,要求通过对德宣战案,激起国会方面之反对。时北洋系中之人物,以安徽省长倪嗣冲最为狂悖,而其督军张勋,则自谓能效忠于清室。段祺瑞召集各省区督军、都统在京开会,各督军、都统乃攻击国会所定宪法草案,分呈总统、总理,要求不能改正,即加解散。旋同赴徐州开会。未几,黎元洪免段祺瑞职,安徽遂离中央而独立,各省区纷纷继之,元洪无如何,令张勋入京,共商国是。勋至天津,胁元洪解散国会,然后入。七月一日,勋奉溥仪在京复辟,黎元洪走使馆,令副总统冯国璋代理;以段祺瑞为国务总理。祺瑞誓师马厂,十二日复京师。元洪辞职,由冯国璋代理。复辟之役,盖非张勋一人所为,道路传言,皆谓在徐州开会时,张勋提出此问题,多数省区皆签字赞成,故张勋敢于以少数军队入京,冒天下之大不韪。段祺瑞持正之功,为不可没矣。然祺瑞与南方积不相能,复激成护法之役。

国会之解散也，广东、广西宣言，不受非法内阁干涉，重要政务，径行秉承元首。云贵及海军第一舰队继之。民国既复，南北本可从事调和，而南方谓民国业中断，可仿元年之例，召集参议院，于是国会开非常会议于广州，议决军政府大纲，选举孙文为大元帅，后又改举政务总裁七人，以诸部长为政务员，赞襄政务会议，以行军政府之职权。北方则召集参议院，修改国会组织及选举法，由之产生新国会，选举徐世昌为总统。南方乃由旧国会委托军政府代行国务院职权，以摄行总统职务。先是南北颇有战事，徐世昌就职后，下令停战议和，八年（1919）二月，开和会于上海，至五月，卒决裂。

是时之外交，亦更形败坏，冯国璋入京后，即对德宣战，段祺瑞之政策，目的已达，本可一意进行，乃又急于内争，欲以武力征服异己，于是名为参战，实仅招募华工赴欧而已。是时北洋系又分裂为皖直两系，段祺瑞大借日款，以练参战军，而未曾用诸参战。七年（1918），俄国革命后，单独对德议和，协约各国，有出兵西伯利亚之举，我国亦派海军随之，又与日本订立《共同防敌海陆军协定》，日兵之入吉、黑者遂多。八年（1919）一月，欧洲各国开和会于巴黎。先是日本与英法俄意秘密交涉，须于战后保证其接收德国在山东之权利，彼乃承认我参战，四国皆俱而从之。而章宗祥与日人订立《济顺高徐借款预备契约》，附以照会，许胶济铁路所属确定后，由中日两国合办，复文中有欣然同意字样。至是，中国要求青岛由德交还我国，日本则主张由彼接收，英法因有约在前，不得不袒日，美总统威尔逊虽赞成我之主张，而以章宗祥之复文，事在七年（1918）九月，其时欧战已停，日本不能再迫胁中国，遂致无能为力。事闻于中国，舆情大愤，学校罢课，商店罢市，要求惩办章宗祥、曹汝霖、陆宗舆三人，所谓五四运动也。而山东问题，卒如日意解决，我国遂未签字于对德和约，仅有总统以命令宣布对德战争已止。惟对奥和约，我仍签字，故仍为国际联盟之一员焉。自欧战起，俄国无暇东顾，蒙吁请取消自治，呼伦贝尔亦随之，是时本为我收复外蒙之好机会，而段祺瑞以其心腹徐树铮为筹边使，仍用高压手段，遂再引起蒙人之离心。俄人当民国八九年时曾两次宣言，放弃旧俄帝国用侵略手段在中国取得之土地及特权，我亦未能与之交涉，此皆段祺瑞当国时外交之失败也。

时北方皖直两系矛盾日深，而奉天张作霖亦思入关发展。九年（1920），直系第三师师长吴佩孚，自衡阳撤防北方，时参战军已改为边防军，冲突于近畿，边防军败，段祺瑞乃辞去职权，于是曹锟为直鲁豫巡阅使，吴佩孚副之，王占元为两湖巡阅使，张作霖为东三省巡阅使，兼蒙疆经略使，并节制热察绥三区。边防军驻外蒙者，为蒙人所攻，内地置诸不问，库伦遂为俄白党所陷。南方之军政府内部亦多问题，孙文等皆离广州，陈炯明初以粤军驻扎福建之漳、泉，是年十月还粤。军政府首席总裁岑春煊宣言，撤销军政府，徐世昌据之，下令接收。孙文等否认，回粤再开政务会议，十年（1921）四月，国会选文为总统。五月五日就职，乃将军政府撤销。吴佩孚资格虽浅，而以实际论，则为是时直系之中心人物，佩孚亦抱武力统一之见解。湖南军队攻入湖北，王占元战败去职，佩孚击湖南军，却之，进占岳州，遂继占元为两湖巡阅使。十一年（1922）四月，直奉战起，奉兵败退出关，东三省省议会举张作霖为联省自治总司令，吉、黑两督军副之，与中央脱离关系。于是段祺瑞蛰居天津，而皖系人物，到处活动者仍不少，卢永祥尚据浙江，遂成为皖奉两系与南方结合，以倾直系之局面。

先是十年（1921）十一月，美国召开太平洋会议于华盛顿，内分限制军备、远东问题两组。限制军备问题，英美法日成立《海军协定》，《英日协约》因此作废。后来英美法日意又成立《海军协定》（1922），又立《海军公约》（1930），规定英美日三国之海军比例为5:5:3，其期限均至民国二十五年（1936）为止。故论者均称是年为世界之危机也。远东问题，中美英法意日荷葡比九国订立公约，又立《九国中国关税条约》。九国公约列举四原则：（一）尊重中国之主权独立及领土行政之完整。（二）与中国以完全而无障碍之机会，以发展并维持稳固之政府。（三）确立并维持工商业机会均等之原则。（四）不得利用现状，攫取特殊权利，并不得奖许有害友邦安全之举动。巴黎和会以后，山东问题，日本求与我国直接交涉，我国主张提交国际联盟，及是，亦即在华府会议外解决，于十一年（1922）一月订立条约，青岛由日人交还，胶济路限期15年，由我赎还。其本于二十一条之要求所立之条约，中国要求作废，日本不可，但声明将第五号要求撤回，以租税担保之借款，及南满、东蒙借款，开放于国际银团，共同经营。其后乃由参众两院通过，咨请政府，于十二年（1923）照会日本，声明作废焉。库伦之白党，于十一年（1922）七月，为远东共和国所诛灭，外蒙古先已在恰克图立有政府，至是遂移于库伦，以活佛为皇帝。十三年（1924）活佛死，乃改为共和国焉。是岁，中国与苏俄订立解决悬案及暂行管理中东路两协定大纲，认外蒙古为中国领土，尊重中国之主权，中东路许我出资赎回，订于一个月后开会，决定办法。其后延至十四年（1925）八月始开，而是时东三省对中央独立，会议遂无结果。苏俄与奉天别立奉俄协定。要之，自第一次欧战停后，外交上颇有可乘之机，而我国忙于内争，未之能乘也。

直奉战后，十一年（1922）六月初二，徐世昌辞职。是岁六月，十五省督军请黎元洪入京复职,补足任期。元洪既入京,取消六年(1917)六月解散国会之令,国会再开,亦无甚成绩。是时直系内部复生分裂,曹锟左右,谋举锟为总统,与奉系言和,因是与吴佩孚不睦。十二年(1923)六月,北京军警包围总统府索饷,黎元洪出走,国会遂举曹锟为总统,于十月十日就职,并制定宪法,于是日公布之,然人皆视为沐猴而冠也。吴佩孚勾结陈炯明,谋倾南方政府。孙文初在桂林筹备北伐,十一年(1922)四月,将大本营移于韶关,陈炯明走惠州,五月北伐,六月,粤军叛,文走上海。岁杪,在广西之滇军及桂军讨陈炯明,炯明再走惠州,文回粤,以大元帅名义主持军务。

第六章　国民政府之北伐

二次革命失败后，孙文走日本，立中华革命党于东京，袁世凯死后，移于上海，改称国民党。孙文历年以护法为号召，然终鲜成功，盖议员多政客之流，绝无特操，欲利用军阀，军阀又多跋扈，只便私图，鲜明大义。逮苏俄革命告成，文知其所能成功者，实在党军两端之改革，乃于十二年（1923）十一月，将国民党改组，十三年（1924）一月，开全国代表大会于广州，改大元帅府为国民政府，六月，设黄埔军官学校，军队中皆设党代表，以宣传主义，于是南之壁垒一新矣。

十三年（1924）九月，江浙战起，直奉继之，吴佩孚统大军与奉军相持于九门口，而冯玉祥与胡景翼自前线回军，与驻守南苑之孙岳，改称国民第一、二、三军，入北京，佩孚自海道入江，走汉口，直系之势力瓦解。奉军踵之入关，冯玉祥、张作霖共推段祺瑞为临时执政，祺瑞要孙文北上，共谋解决时局。文主开国民会议，祺瑞亦有所谓善后会议及国民代表会议者，顾人民团体，无一得与，文戒国民党员不得参加。十四年（1925）三月十二日，文卒于北京。初文与陈炯明相持于广东颇久，及文卒，国民政府肃清东江，又平滇桂军之反侧者，广西先来联合，湖南之唐生智亦输诚，于是改组政府，废元帅，代以委员制，南方之势力转强。北方以张作霖为东北边防督办，冯玉祥为西北边防督办，改督军之称曰督理某省军务善后事宜，以胡景翼督理河南，景翼卒，岳维峻继之。其时西北河南皆凋敝，实力惟关外为强。杨宇霆督苏，姜登选督皖，李景林督直，张宗昌督鲁，又皆奉系也。初直系之齐燮元督苏，皖系之卢永祥督浙，先第二次奉直之战而战，所谓江浙战争也。初相持，旋直系之孙传芳自闽入浙，卢永祥败走，未几而吴佩孚败，奉军南下，齐燮元亦走。孙传芳仍据浙江，奉系未能除。十四年（1925）十月，传芳自称浙闽苏皖赣五省总司令。北师，奉系之在苏皖者皆走，传芳北取徐州，吴佩孚亦起汉口。奉军在关内者，郭松龄叛，出关攻张作霖，以兵行遭阻，败死，作霖乃得幸免。时吴佩孚无复实力，借靳云鹗招集杂军，以攻山东，未克。冯玉祥攻李景林，景林力拒，久之，乃弃天津，走山东，依张宗昌。是时奉系几成众矢之的，而吴佩孚忽联奉以攻冯。十五年（1926）一月，玉祥宣言下野，佩孚合奉军下南口，又遣兵攻西安，未克，而国民军北伐矣。

十五年（1926）六月，国民军北伐，入湖南，克长沙，吴佩孚来援，败绩，国民军遂下武汉，入江西，败孙传芳之兵，分军为左右，夹江东下。其留守东江之军克福建，入浙江。十六年（1927）二月，遂入南京。冯玉祥自西北回师，解西安之围，入河南。三月，国民军有清党之举，军事稍停顿。孙传芳之败也，走北方见张作霖，与之合，及是乘机南下，渡江之龙潭，国民军击却之。九月，山西军攻奉军，奉军退河北。十七年（1928）一月国民政府再北伐，五月一日入济南，三日而惨案作，我军乃绕道德州北伐。六月三日，张作霖退出关，四日至皇姑屯，遇炸死。东三省因此归心国民政府，至十二月而统一之业告成。

第四篇 中国近世文化史补编

第一章　商业篇

市舶司之设，元明二代亦皆有之。元设于上海、澉浦、杭州、庆元、温州、泉州、广州，凡七处，时有省置。明洪武初设于太仓黄渡，寻罢，复设于宁波以通日本，泉州以通琉球，广州以通占城、暹罗及西洋诸国，诸国皆听时至，惟日本限其期为10年，人数为200，舟为2艘，以金叶勘合表文为验，以防作伪，以其时正值倭寇为患也。嘉靖初给事中夏言言，倭患起于市舶，遂罢之。

嘉靖三十九年（1580）凤阳巡抚唐顺之议复三市舶司，部议从之。四十四年（1565）浙江以巡抚刘畿言仍罢，福建开而复禁，万历中悉复。永乐中又尝设交阯云南市舶提举司。明之设司，意不在于收税，而在以此抚治诸夷，消弥衅隙，以其时倭寇方张也。在当时未尝不收制驭之效，然习之久，而畏恶外人之心日增，欧人之传教，又颇与华人习俗相违。

清嘉庆时，又有西北教匪、东南艇盗之祸，遂并攘夷排教御寇为一谈，中西之交涉，生出无穷纠葛焉。原因虽多，而倭寇滋扰，致中国之视海客咸有畏恶之心，亦其中之一也《明史·食货志》曰："明初东有马市，西有茶市，皆以驭边省戍守费，海外诸国入贡，许附载方物，与中国贸易，因设市舶司，置提举官以领之。所以通夷情，抑奸商，俾生禁有所施，因以消其衅隙也。"明之与外国通市，其意皆非以为利，故永乐初西洋剌泥国、回回哈只马哈没奇等来朝，附载胡椒，与民互市，有司请征其税，成祖不许。武宗时提举市舶太监毕真言："旧制，泛海诸船，皆市舶司专理，近领于镇巡及三司官，乞如旧便。"礼部议"市舶职司进贡方物，其泛海客商及风泊番船，非敕旨所载，例不当预"。夫许外国互市而曰入贡，许附载方物贸易，而市舶司且若以接待贡使为职，永乐三年（1405）又置驿于三市舶司，以待诸番贡使，岂真以其来，为入贡而不为贸易哉？夫亦曰入贡而后许贸易，则不致与沿海之民私相市，而官司无所稽考，以是为制驭之一策云尔。此办法似乎多事，而亦不能尽谓为不然。盖客强主弱，乃清中叶以后之情形，前此则适相反。故嘉靖倭变，朱纨访知"舶主皆贵官大姓，市番货皆以虚值，转鬻牟利，而值不时给"。而史且谓"市舶既罢，日本海贾往来自如，海上奸豪与之交通，法禁无所施"也。盖市舶官吏原来未尝不有赃私之行，然视土豪势家，则终有间矣。

北方游牧民，虽时与中国以兵戎相见，然通市亦恒不绝，史所载虽不详，亦可考见其盛者，则如汉设马邑之谋，匈奴单于觉之而去，自是绝和亲，攻当路塞，然"尚乐关市，嗜汉财物，汉亦尚关市不绝以中之"，又如唐杀突董，九姓胡死者千人，突董回纥毗伽可汗叔父也，而毗伽谓唐使，"国人皆欲尔死，我独不然。突董等已亡，今又杀尔，犹以血濯血，徒益污。吾以水濯血，不亦善乎！为我言有司，所负马值一百八十万，可速偿我。"若宽仁能以德报怨者，实贪马值不能绝耳。明初设马市三，一在开原南关，以待海西。一在开原城东，一在广宁，以待朵颜三卫。

正统三年（1438）始设马市于大同以待也先，其后王振裁其马价，遂有土木之变，也先桀骜终必反。然非裁马价，有以激之，其叛或不至于是其速也。其后北抚俺答，东驭女直，亦藉大同马市，辽东义州木市。努尔哈赤之攻尼堪外兰，明人不能讨，顾开抚顺、清河、宽甸、瑷阳四关，许其互市。论者谓满洲之致富厚，习华事实于此有关焉。盖中国与外夷通商，不徒资其困乏，亦足牖其文明矣。蠢彼建夷，不思木桃之报，而为封豕长蛇，荐食上国，其罪可胜诛乎！

第二章　财产篇

吾国虽久行私产之制，然贫富之相去实不可谓之悬殊。（一）因封建久废，有广土者甚少。（二）则财产久由各子均分。大家族在后世既已罕见，即有巨富之家，一再传后，财产亦以分而日薄。（三）则恤贫抑富，久为政治家所信奉。人民亦能互相救恤。（四）则地处大陆，人事之变迁甚剧。每一二百年，辄有大战乱。贫富之变易较易。此吾国民所以久有均贫富之思想，而数千年来，卒能相安无事者也。然今后之情形则非复曩昔矣。

今日生计之情形，所以大异于昔者，在舍器械有口曰器，无口曰械，合二字，为凡用具之总名，而用机器。器械仅能少助人力。且其为物简单，一人能用之，则人人皆能用之；一家能有之，则家家皆能有之。故众人生利之具，无大不同。其所生之利，亦略相等。至于机器，则非复人人所能制，亦非复家家所能有。于是购机器，设工厂，不得不望诸资本家。其物必合众力而后可用，则其业必集多人而后可营。而管理指挥，遂不得不有企业者。资本家安坐而奉养甚厚，劳动者胼胝而饱暖犹艰，则易致人心之不平，企业者之利害，恒与资本家同，其于工人，督责既严，犹或肆行朘削，则易为工人所怨恨。旧日商工之家，师徒如父子之亲，主佣有友朋之谊，至此则皆无之矣。况手工造物，皆略有乐趣。机器既用，所事益简，终日反复，不出一两种动作，则易生厌倦之情。于是劳资相疾如仇矣。吾国之用机器，盖启于同、光之朝。初办者为军事如江南制造局、福州船政局，后渐进于交通如汽车、汽船，又渐进于开矿纺织等业如汉冶萍煤铁矿厂公司，李鸿章所设上海机械织布局，张之洞所设广东缫丝、汉口织布、制麻等局。其初多由官办，或官督商办，其后民业渐起。而外人亦投资中国，经营一切。中日战后，又许外人设厂于通商口岸。于是新式事业，日增月盛。劳资相轧，遂日甚一日矣。今之论者，每谓中国人只有大贫小贫，而无所谓富。人民只患失业，不患业之不善。此诚然。然此特今日内乱不息，百业凋敝之时为然耳。一旦战事息而国内安，人民率其勤俭之习，以从事于实业，将见财富之增，一日千里。美利坚自赤贫以至富厚，不过50年，况于吾国，人口本庶，国土久辟者乎？《诗》曰："迨天之未阴雨，彻彼桑土，绸缪牖户。"今日之劳资，虽若未成阶级，然其成为阶级甚易，固不容不早为之计也。

　　社会主义派别甚多。约其大旨，不越两端：一主各尽所能，各取所需。人之尽其能否，固无督责之人。其取其所需，不致损及他人，或暴殄天物与否，亦复无人管理，一凭其良心而已。此非民德大进，至"货恶其弃于地也，不必藏于己；力恶其不出于身也，不必为己"之时，未易几及。程度不及，而欲强行之，将有后灾，岂徒说食不能获饱而已。一则主按劳力之多少，智识技艺之高下，以定其酬报之厚薄。其主张急进者，欲以国家之力，管理一切。主张渐进者，并只欲徐徐改良而已。此则于现在情形为近。马克思曰：新社会之所须者，必于旧社会中养成之。今欲行社会主义，所须者何物乎？以人言：一曰德，一曰才。以物言：一曰大规模之生产器具，一曰交通通信机关。必有大规模之生产器具，而后生产可以集中；而后可由公意加以管理。否则东村一小农，西市一小工，固无从合全国而统筹并计也。大规模之生产器具，交通通信机关，既非一时所能有，人之经营擘画之才能,又非既有此等事,无从练习。其公德心,亦不能凭空增长。则人我不分之理想,断非今日所能行,无俟再计矣。故今日者,以"各尽所能,各取所需,合全世界而统筹并计,以定生产之法,分配之方;而人之生产,仍无一不为公,其消费则无一不仰给于公,与部落共产时代无以异,为最终之蕲向。而且前则暂于较小之范围内,求生产之渐趋于协力,分配之渐进于平均,随生产之渐次集中,徐图管理擘画之才能之增长;日培养公德心使发达,而徐图尽去其利己之私",则进行之正规也。

无政府主义,我国无之。近人或以许行之说相附会。案许行之说,乃欲取法于极简陋之国家耳,非无政府也。说见《政治史·政体篇》编者:见吕思勉著《中国制度史·政体篇》,至于凭借国家权力,大之则制民之产,谋贫富之均平;小之则扶弱抑强,去弊害之大甚。则我国之人,夙有此思想。以政治放任既久,幅员辽远,政府之威权,不易下逮,奉行之官吏,难得其人,故迄未能行耳。然其思想,则未尝消灭也。试引王安石、龚自珍两家之言以明之。

王安石《度支副使厅壁题名记》曰:"合天下之众者财,理天下之财者法,守天下之法者吏也。吏不良,则有法而莫守。法不善,则有财而莫理。有财而莫理,则阡陌闾巷之贱人,皆能私取予之势,擅万物之利,以与人主争黔首,而放其无穷之欲;非必贵强桀大,而后能如是;而天子犹为不失其民者,盖特号而已耳。虽欲食蔬衣敝,憔悴其身,愁思其心,以幸天下之给足而安吾政,吾知其犹不得也。然则善吾法而择吏以守之,以理天下之财,虽上古尧舜,犹不能毋以此为先急,而况于后世之纷纷乎?"此为安石变法,首重理财之故。盖国不能贫富予夺人,则贫富予夺之权,操于豪强,国家欲有所为,其事恒不得遂。然国家所行,多为公义。豪强所行,多为私利。国家所欲不能遂，而豪强则所为必成，则公义不伸，正道灭绝，社会将永无太平之日矣。安石之言，自有至理，后人或訾其挟忿戾之心，以与豪暴争，误也。

龚自珍《平均篇》曰："有天下者，莫高于平之之尚也。其邃初乎？降是，安天下而已。又降是，与天下安而已。又降是，食天下而已。最上之世，君民聚醵然。三代之极其犹水，君取盂焉，臣取勺焉，民取卮焉。降是，则勺者下侵矣，卮者上侵矣。又降，则君取一石，民亦欲得一石。故或涸而踣，石而浮，则不平甚。涸而踣，则又不平甚。有天下者曰：吾欲为邃初，则取其浮者而挹之乎？不足者而注之乎？则嗸然喙之矣。大略计之：浮不足之数，相去愈远，则亡愈速。去稍近，治亦稍速。千万载治乱兴亡之数，直以是券矣。人心者，世俗之本也。世俗者，王运之本也。人心亡，则世俗坏；世俗坏，则王运中易。王者欲自为计，盍为人心世俗计矣。有如贫相轧，富相耀，贫者阽，富者安。贫者日愈倾，富者日愈壅。或以羡慕，或以愤怨，或以骄汰，或以啬吝。浇漓诡异之俗，百出不可止。至极不祥之气，郁于天地之间。郁之久，乃必发为兵燧，为疫疠。生民噍类，靡有孑遗。人畜悲痛，鬼神思变置。其始不过贫富不相齐之为之尔。小不相齐，渐至大不相齐；大不相齐，即至丧天下。呜呼！此贵乎操其本原，与随其时而剂调之。上有五气，下有五行，民有五丑，物有五才。消焉，息焉，渟焉，决焉，王心而已矣。是故古者天子之礼：岁终，太师执律而告声。月终，大史候望而告气。东无陼水，西无陼财，南无陼粟，北无陼土，南无陼民，北无陼风，王心则平。听平乐，百僚受福。其《诗》有之曰：秉心塞渊，骓牝三千。王心诚深平，畜产且腾跃众多，而况于人乎？又有之曰：皇之池，其马喷沙，皇人威仪。其次章曰：皇之泽，其马喷玉，皇人受谷。言物产蕃庶，故人得肄威仪，茹内众善，有善名也。太史告曰：东有渚水，西有渚财，南有渚粟，北有渚土，南有渚民，北有渚风，王心则不平，听倾乐，乘欹车，握偏衡，百僚受戒。相天下之积重轻者而变易之。其《诗》有之曰：相其阴阳，观其流泉。又曰：度其夕阳。言营度也。故积财粟之气滞，滞多雾，民声苦，苦伤惠。积民之气淫，淫多雨，民声嚣，嚣伤礼义。积土之气垎，垎多日，民声浊，浊伤智。积水积风，皆以其国瘥昏，官所掌也。且夫继丧亡者福禄之主，继福禄者危迫之主。语百姓曰：尔惧兵燹乎？则将起其高曾于九京而问之。惧荒饥乎？则有农夫在。上之继福禄之盛者难矣哉！龚子曰：可以虑矣，可以虑，可以更，不可以骤。且夫唐虞之君，分一官，事一事，如是其谆也。民固未知贸迁，未能相有无，然君已惧矣。曰：后世有道吾民于富者，道吾民于贫者，莫如我自富贫之，犹可以收也。其《诗》曰：不识不知，顺帝之则。夫尧固甚虑民之识知，莫如使民不识知，则顺我也。水土平矣，男女生矣。三千年以还，何底之有？彼富贵至不急之物，贱贫者犹且筋力以成之，岁月以靡之，舍是则贱贫且无所托命。然而五家之堡必有肆，十家之村必有贾，三十家之城必有商。若服妖之肆，若食妖之肆，若玩好妖之肆，若男子咿唔求爵禄之肆，若盗圣贤市仁谊之肆，若女子鬻容之肆，肆有魁，贾有枭，商有贤桀，其心皆欲并十家五家之财而有之。其智力虽不逮，其号既然矣。然而有天下者更之，则非号令也。有四挹四注：挹之天，挹之地，注之民。挹之民，注之天，注之地。挹之天，注之地。挹之地，注之天。其《诗》曰：挹彼注兹，可以饎饎。岂弟君子，民之父母。有三畏：畏旬，畏月，畏岁。有四不畏：大言不畏，细言不畏，浮言不畏，挟言不畏。而乃试之以至难之法，齐之以至信之刑，统之以至澹之心。龚子曰：有天下者，不十年，几于平矣。"此篇大意，以贫富不齐，为致乱之原。而以操其本原，随时调剂，责诸人主。盖古者国小民寡，政府之威权易于下逮。而其时去部落共产之世未远，财产之分配，较为平均。此等情形，习为后人所讴歌，所想往。后世虽以时异势殊，政府不克复举此责，然特为事势所限，以理论，固无人谓政府不当举此责；且皆以克举此职，为最善之治也。故借国家之权力，以均贫富，实最合于我国之国情者也。

然借国家之力以均贫富，亦必行之以渐，而断非一蹴所能几。何也？借国家之力，以均贫富，则国家之责任必大。为国家任事者，厥惟官吏。服官之成为谋食之计旧矣。监督不至，焉不朘民以自肥？监督苟严，又虑厥长立而马益癯也。况夫监督官吏者，亦官吏也。任事之官吏不可信，为得可信之官吏，而任以监察之责乎？借使大业皆由官营，挟其权力，以为身谋，民之疾之，犹其疾资本家也；犹其疾企业者也。其自视，徒为求食故而劳动；而绝无劝功乐事之心，与今日之工人同也。安保其不反抗？而是时一反抗，即涉及政治。较之今日，劳资之争斗，愈可忧矣。且今日欲图生利，必借外资。借用外资，必所兴举之事，皆能获利而后可。否则有破产之忧矣。前清末叶，议借外资。即有人谓：宜以银行承受之，而转贷于民者。以民业较易获利，必多能复其本；其规模不如官业之大，即有亏败，成功者多，足以偿之；非若官业，一失败，即有破产之虞也。然如此，则有助长资本之忧。若一切由国家自营，又虑官吏之不足任，而破产之终不可免也。何去何从？若何调剂？诚可深长思矣。

第三章 征榷篇

光绪三十四年（1908）赫德病归，以布雷顿代理，宣统三年（1911）赫德殁，以安格联继之。庚子赔款以海关税为担保，其时海关税入仅2000万，辛丑条约乃将各通商口岸常关暂拨洋关管理，清末磅价高涨，又益以常关50里内各分口。民国十五年（1926）一月十九日汕头海关监督兼交涉员马文车以洋关及通商口岸常关所入，已足敷赔债所需，而炮台司事王盛唐舞弊案，牵涉副税务司马多隆，呈请东征军总指挥批准，于是日将潮海关50里内各分口，派员收回。税务司提出抗议，国民政府以马氏事前未得政府许可，手续不合，于二月五日撤消之。

今日海关行政全在外人手中。据近来调查，税务司43，英人27；副税务司30，英人18；帮办157，英人62。华人之为副税务司者，惟清季亚东关有一人，民国五年（1916）有一人，至民国十五年（1926），华人之升税务司者乃得一人思第，升副税务司者得三人云粤海常关、秦皇岛、嘉兴分关。各海关本有监督，然条约上税务司系受命于总税务司，故监督命令，税务司不之听，必呈财政部，由部咨税务处转，由总税务司下令也。税务处设于光绪三十二年（1906），有督办税务大臣，总税务司以下，皆受管辖，后并入度支部。民国以来，亦归财政部管辖，各关监督有专任兼任之分，专任监督兼管所在地之常关，兼任者以道尹为之。

关税存放，民国以来亦成为一问题。我国以关税担保债款，由来已久。咸丰八年、十年（1858、1860）英法赔款，即以关税指拨至同治四年（1865）清讫，同治六年（1867）甘肃军事借款，亦以关税担保。其后甲午俄、法、英、德各款及庚子赔款，亦均以关税为担保。清时关道有库，海关收入皆交关道指定之中国之银钱号，由关道指拨道库，海关自身并无经营收付之权也海关经费，亦向关道具领。应付债赔各款，由关道按期或按月或半年将本息交付银行或银团，平时则分存上海各银钱号，其时收入，年约4000余万。上海银钱号得此大宗存款，颇足以资周转。辛亥革命，银行钱庄倒闭，关款始有亏欠。先是庚子赔款，因海关收入不足以偿，分摊之于各省，各省所认亦悉交上海道。及是各省或则不认，或虽认而解不以时，偿赔各款始有拖欠，各外银行乃在沪组织委员会，以清理积欠为名，为处分押品之计，拟具办法八条，呈诸外交团，外交团略加改动，于民国元年（1912）一月，由领衔驻使交我政府，勒逼照行。该委员会系以对1900年以前，以关税作保而现未清偿之债款及庚子赔款，有关系之银行，即汇丰、德华、道胜分存，总税务司应将关税净收入报告该委员会，至中国政府能付债赔各款为止。民国二年（1913），政府恐内地税款收解之权，亦落外人之手，由外财两部及税务处组织关税委员会研究此事，结果与税务司商定征收税款，统交中、交两行，订立合同九条，然税务司只认为中、交两行营业之关系，不认为关税与国库之关系，故积有成数，即照解汇丰，存行之期，至多不过7日，为数至多不过10万而已。

现在海关税存放办法，系每月按期平均分作三份，以三分之二存于汇丰、道胜两行，为债之担保。该两行即以所收数目支配于以下五项：（一）1898年四厘半金债，每月拨汇丰。（二）1896年五厘金债,每月拨汇丰。(三)1895年四厘金债,每年于6月及12月拨道胜。(四)由总税务司以命令照拨之关余。(五)弥补庚子赔款,按月拨入庚子赔款项下。此外三分之一,则存入汇丰之总税务司海关收入保留项下。通商口岸50里以内之常关税,系在汇丰,为赔款之担保,记入总税务司常关税存款项下,以定率分作八份,每月按四期分配于以下两项:(一)庚子赔款项下此项尚有由海关税按月拨入者,向分存正金、汇丰、荷兰、华比、花旗、道胜、汇理七银行。欧战起,英、法、美、日、俄、意、比等国以我参战之故,自1917年起,准我停付庚子赔款五年,我即以此停付部分担保七年公债基金,悉以关银折算存入总税务司,担保七年短期内国公债项下,而以总税务司之命令,分存于正金、汇理、华比、花旗、道胜、汇丰六银行。(二)总税务司常关收入保留项下,向为拨入德华银行,以抵(甲)偿还奥赔款,(乙)部分的德国赔款之用,自对德奥宣战停付后,即改由汇丰保管,其中关于德国部分,则拨中国银行,充作两种关税借款之担保。所谓关余者,系关税所入,支配上项各款,尚有盈余,然后再交政府者。故关余名词,实始于1917年也。现在关税存放支配之权,完全操诸外人,而外人复有改善税款存放之主张,即(一)取利益均沾主义,须分存与中国有关系各银行,不能由一二银行垄断。(二)特组税务银行,由海关当局及各债权关系国派人共同管理。华会之际,日本代表有希望将海关税,由日本银行保管一部分之要求,并另附有意见书,法代表赞同日代表主张,亦有同样之书面声明。比国、意国代表并与日法代表声明,取同一态度。我国自华会决定加税之后,因外人议及存放问题,始知其关系重大,乃始加以研究,有(一)应由中央金库保管说。(二)指定银行保管说主此说者,以中央金库之银行,往往对政府滥行借债,致失信用,不如分存各商办大银行,由税务司指定较为可靠，亦少流弊。（三）国民银行保管说。欲集全国商会，共同发起组织。（四）新旧税分管说主此说者，以旧税向存外国银行，抵偿外债，已成惯例，一旦收回，恐不易办。新附加税，则必争归本国银行保管。（五）旧税亦必拨存本国银行一部分说主此说者，以关税按月有盈，盈余部分及已退还之赔款，亦应争回。（六）组织关税保管委员会说以财长税务处督办总税务司审行公会会长总商会会长组织之。

又按关款之充债赔款者，英、葡由汇丰存付，美由花旗存付，俄由道胜存付，日由正金存付，法、西、瑞典由东方汇理存付，意由华义银行存付，比由华比银行存付，荷由荷兰银行存付，最近道胜又以倒闭闻矣。

最近关税问题，皆因辛丑条约及九国关税条约而起。辛丑条约赔款负担既重，我国要求加税，各国乃以裁厘为交换条件。英约第八款，许我裁厘后，进口货税加至值百抽十二又五，出口货税不逾值百抽七又五，其中丝斤不逾值百抽五美约第四款，日约附加第一款，葡约第九款略同。并许我裁厘后对土货征销场税以常关为征收机关，常关以载在《清会典》及《户部则例》者为限。惟（一）有海关无常关，（二）沿边沿海而非通商口岸，（三）新开口岸，皆可增设、出厂税本款第九节已见前，美约略同，美约附件又许我抽出产税。照英约本应于1904年1月1日实行。然政府既惮裁厘，又习于因循，迄未筹备，厘金所病者，华商至外货入中国内地，本有半税可代，且通商口岸愈增，则内地愈少，故外人亦迄未提及。光绪三十四年（1908）外务部乃向各国提议加税，英日谓我于原约未曾履行，遂又延宕。至华府会议开会，中国代表提出关税自主案，其结果乃有所谓九国中国关税条约者，最近之关税会议，实根据此约而来者也九国者，美、比、英、华、法、意、日、荷、葡也。

（一）修正1918年12月19日上海修正税则委员会，所定海关进口货税表，以期切实值百抽五。此项委员会，由上开各国及列席华府会议各国承认之，政府曾与中国订有值百抽五之税则之条约，而愿参与修正之各国代表组织之。本案议决之日起，四个月以内修正完竣。至早公布后两个月实行。

（二）由特别会议立即设法，以便从速筹备，废除厘金，并履行1902年9月5日中英商约第八款，1903年10月8日中美商约第四款、第五款及1903年10月8日中日附加条约第一款所开之条件，以相征收各该条款内所规定之附加税。特别会议由签字本约各国之代表组织之，凡依据本约第八条之规定，愿参与暨赞成本约之政府，亦得列入。该会议应于本条约实行后三个月内，在中国会集，其日期与地点由中国定之。

（三）特别会议应考量裁厘，履行第二条所载，各条约诸条款所定条件之前，所应用之过渡办法，并应准许对于应纳关税之进口货，得征收附加税，其实行日期用途及条件，均由特别会议议决之。此项附加税，一律值百抽二又五，惟某种奢侈品，据特别会议意见，能负较大之增加，尚不致有碍商务者，得将总额增加，惟不得逾值百抽五。

（四）中国进口货海关税表，按照第一条，立即修改完竣。四年后，应再行修正，以后每七年修改一次，以替代中国现行条约每十年修改之规定。

（五）关于关税各项事件，缔约各国应有切实之平等待遇及机会均等。

（六）中国海陆边界，划一征收关税之原则，即予以承认，特别会议应商定办法，俾该原则得以实行。凡因交换局部经济利益，曾许以关税上之特权,而此种特权,应行取消者,特别会议得秉公调剂之。一切海关税率,因修改税则而增加者,与各项附加税,因本约而增收者,陆海边界均应一律。

(七)第二条所载办法,尚未实行以前,子口税一律值百抽二又五。

(八)凡缔约各国,从前与中国所订各条约,与本条约各规定有抵触者,除最惠国条款外,咸以本条约各条款为准。

所谓切实值百抽五者,吾国关税虽协定为值百抽五,然因货物估价之关系,实只值百抽一二。《辛丑条约》乃有切实值百抽五之说,于是年修改一次。民国七年,因加入参战,对协约国要求实行值百抽五,又将税则修改一次。据熟于商情者评论,其结果亦不过值百抽三又七一五而已。其时欧战未平,货价异常,外交部及各国驻使均备文申明,俟欧战终结后两年,再行修改。九国条约改定修改税则委员会,于十一年(1922)三月二十一日在上海开会,我国派蔡廷干为委员,与会者有英、法、意、荷、西、葡、比、丹、瑞、挪、瑞士、美、日并中国,凡十三国。所修税则于十二年(1923)一月十七日实行近人云南京条约后,入口税则,共修改四次。出口税至今未改,或云1858年,即咸丰八年,曾随进口税修改一次,未知然否?又云我国出口税,皆系从量,故随物价之变,征税轻重,大有不同。如茶自1806年以前,由中国垄断,其时茶价最高,自此以后,遂逐渐降低。而茶之从量征税如故,则加重。又如丝价逐渐高涨,而其从量征税如故,则减轻是也。我国出口税率,无原料、制造品⋯⋯分别,概从一律协定,以致欲免某物之税,或欲加重某物之税,以图保护,皆有所不能,实一大缺点也。

关税特别会议,民国十一年(1922)十二月五日派顾维钧为筹备处处长,八日许顾辞,以王正廷代之。先是五月间,黑河华侨商会请各省商会各派代表在京开关税研究会议，财农两部从之。九月九日成立商会，所推副会长张维镛，又邀各商会代表及全国商会联合会驻京评议员开商约研究会，于十月一日成立。

关税研究会中，所争论最大者，为产销税问题。商会代表欲废产销税，以营业所得两税代之。其理由现有常关43，又50里内常关19，合分关分卡，约340～350其收入50里内常关500余万，50里外常关700余万，实为厘金之变相，存之仍不免留难。又英约常关以清会典所有为限，沿边及有海关处，虽可添设，内地则可移动而不能增设。关既有限制，征收必难普遍公平，且厘局长由省委任，要求撤换较易，关监督由中央委任，呼吁赴诉更难也边远省份尤为不便。又英约无出产税，日约第一款虽有出产字样，而订明悉照中国与各国定办法，毫无歧异，则出产税可办与否尚属疑问。至于销场税，则如何办法，约文未言。当时总署饬赫德，即谓未知议约大臣意旨所在，难以拟具。何者厘既裁矣，查验为约文所禁，有限之常关，断不能遍征全国之销场税也。政府之意，主就条约所许，存留常关，以征产销两税。财部所拟办法，产税于起运后第一常关征收，销税于最后常关征收，惟特种大宗货物得就地征收产税此据英约第八款第三第七第八节。又产税得于最后常关征收，并征销场税。距常关远者，并得由当地商会代征补征产税亦然。通商口岸现有海关而无常关者，沿边区域包水陆沿海三者及内地自辟商埠，一律添设各常关管辖区域另定，有海关处，常关仍照现在办法，轮船由海关收税，民船由常关收税。其税额，产税为百之二又五，销税竞争品如丝茶、需要品如粮食百之二又五，资用品百之五，奢侈品百之七又五。此省运至彼省，途经通商口岸，在海关完过出口税者，如已满产销两税总额，即免征销场税，否则照不足之数补征。将税司兼管50里内常关之权解除，而照英美约，由省长官在海关人员中选一人或数人为常关监察员不限外人，当时政府及商会代表争持不决，后乃融通定议，谓于两年以内，将所得税、营业税、出产税、销场税等同时筹备，而究行何税，则俟特别会议议定。土货出口税，照约尚可加抽二又五，合为七又五之数，商会代表要求分别货物之性质原料竞争品、手工制造品等，以定或应减轻，或应全免，议决由政府与商民合组商品研究会，随时讨论施行。《九国条约》第六款，所谓关税上之特权，应指中英续议滇缅条约及中法会议越南边界通商章程续议专条内，彼此允让之利益而言，议决此事，须为进一步之要求于特别会议，提出局部经济交换之利益，与最惠国条款不相冲突。各国对于商约中关税部分，不能引机会均等各例，要求利益均沾，如此办法并可由单制协定渐入于复制协定。迭次修改税则，派员协定货价，时间每虞匆促，办理易致迁延。议次各财政讨论会所议，预定公布洋货进口货价办法，由政府于上海、汉口、天津、广州、大连五口设立调查机关，求平均之货价，供随时之修改按此案后仅办到上海一处。过渡期内值百抽二又五之进口附加税。华会宗旨欲以整理外债，或可提出一部为行政必要经费及教育公益事业之处，商会代表欲存为裁厘担保。议决将来会议时，如能拟出担保或裁厘办法，地方长官不致顾虑反对，则亦可将增收之附加税，拨充整理公债之用。

民国十四年（1925）八月五日九国公约批准文件全到华盛顿，按该约第十条，该约即发生效力。政府乃于八月十八日召集各国开特别会议，十月二十六日开会，我以王宠惠为全权代表，与会者凡十二国，会中组织四委员会，第一委员会处理关税自主问题，第二委员会处理关税自主以前应用之过渡办法，第三委员会处理其他有关事件，第四委员会为起草委员会。当1922年太平洋与远东问题委员会开第十七次会议时，中国委员宣言，对于关税条约，虽予承认，并无放弃关税自主之意，召集照会中即报此，再行提出。关税会议既开，中国政府提出：（一）与议各国向中国政府正式声明，尊重关税自立，并承认解除现行条约中，所包含之关税束缚，并中国国定关税条例于1929年1月1日发生效力。（二）我国政府允裁厘，与国定关税定率条例同时实行。（三）未实行国定关税定率条例以前，于现行值百抽五外，加收临时附加税。普通品值百抽五，甲种奢侈品，即烟酒值百抽三十，乙种奢侈品值百抽二十。（四）临时附加税条约签字后，三个月开始征收。

关于（一）十四年（1925）十一月十九日，在第一、二委员会议合通过，中国亦公布关税定率条例据某当局谈话云：实附有数种保留条件，其时法、意代表知会我国代表团，谓法意政府，只能照下列条件赞同上项议案，即（1）已纳关税之洋货，不得加征捐税。（2）各种条件互相维系。（3）裁厘应由双方承认与实行。（4）意国单独提出整理外债互惠税率问题。驻京日使馆与外交部于十五年（1926）一月二十日、二十七日先后换文两次，文内所列原则：（1）此互惠办法之施行，系为缔约国双方之利益。（2）缔约国之某种货物，得享互惠税率之利益。（3）互惠协定期间之规定，必须能符合缔约国两方经济变迁之情形之需要。（4）互惠协定一俟中国关税定章实行，即行有效。（二）中国政府曾正式声明，尽十八年（1929）一月一日前切实办竣。又宣言抛弃不出之土货之出口税，复进口半税，以为裁厘初步。关于（三）中国尝公布烟酒进口税条例，日主实行华约第三条第二款，美主立即征收二又五附加税，奢侈品可值百抽五，水陆一律英亦主水陆一律。又日欲于过渡期内，议订新条约，规定某物互惠的协定税率与国定税率，同时施行。海关施行附加税后之进款，美主（1）只补各省裁厘损失。（2）各省违背裁厘复行征税，对于被税者予以赔偿。（3）整理无抵押借款。（4）

中央行政费。后各国允将附加税增至"收入可增至7000万元至9000万元之间"之数，未能正式决定。政变作，我国代表多不能出席。七月三日英美法意日比西荷葡宣言，俟中国代表能正式出席时，立即继续会议。我国政府乃修正关税会议委员会组织条例，派蔡廷干、顾维均、颜惠卿、王宠惠、张英华、王荫泰为全权代表，然各国代表多已出京，迄今未曾开会。会中提出者，又有（一）外侨纳税案。自与各国通商以来，无论何项条约，均未许外人在租界内租界外免纳税捐。迩年中国推行税务，外侨辄借口租界，托词未奉本国政府训令，抗不交纳，租界外铁道附属地亦然，华人住租界铁道附属地者，亦不令纳税。中国政府不得已，暂在租界及铁道附属地周围，设卡征收，于外国商务，实亦有关碍。故政府宣言，凡外侨在中国领土居住者，无论在租界内或租界外，或铁道附属地及其他区域，均与中国人民同一服从中国政府公布之办法，负担其一切捐税。（二）从前遍订货价，亦出协定（1）集会愆期，（2）会议中间停顿，（3）已订施行迟延，以致多所延搁。华府会议业经要求先收回调查货价之自由，并应用自动修改之原则，今者1929年1月1日后当然修改，亦依中国法令，在此过渡期间，仍依据华会精神，拟具修改税则章程草案提交关会第二委员会，希望予以同意。

南方对于关余。民国八年至九年（1919-1920）三月之关余，本曾分付广东政府占全额百分之十三又七，后因七总裁意见分歧，政府瓦解，遂仍付诸北方。九年底南方政府恢复，要求照拨，并还以前积欠。总税务司暨外交团谓须请示本国政府，后美政府电谓应交外国所承认之政府，关余遂尽归北方。十二年（1923）九月五日南方政府照会北京外交团，请"各使训令代理关税各银行，将关余拨交总税务司，由本政府训令总税务司，分解南北"，并令总税务司"以政府辖境内之关余，须另行存储，并将1920年3月以后之关余补拨，否则将另委员海关总税务司"。外人疑南方政府将干涉海关行政，外交团令驻华海军赴广州，电领事团转复南方政府，谓关余为中国所有，外交团不过保管人，如欲分取，当与北京政府协议云云。此事遂未有结果当时实业界，因民国十年（1921）北方政府曾定以关余为国内公债基金，颇反对南方分用。据南方政府之言，则谓此项基金，尚可以1400万元盐余及1000万元烟酒税充之，且北方政府本不应自由处置南方应得之关余也。迨五卅案起，广东又有六月二十二日之沙基惨案，粤人封锁港澳。十五年（1926）中央政治会议第二十六次会议，决定征收入口货之消费税，普通货物百分之二又五，奢侈品百分之五，以为解除封锁最低限度，交换条件于十月十一日施行照会中仍申明无意干涉海关行政。封锁亦即于是日取消。驻粤首席总领事曾秉承驻京首席公使之训令，向粤政府提出抗议，粤政府以不能承认北京首席公使驳覆之领袖公使亦曾向北方政府提出抗议，以广东与山东及其他地方官吏并言。欧战后，中国于对德和约未曾签字，十年（1921）五月二十日所结中德协约第四条，两国有关税自主权，惟人民所办两国间或他国所产未制已制货物，其应纳之进口出口税，不得超过本国人民所纳税率。奥约则我仍签字，奥放弃1902年8月29日关于中国关税之协定。中俄解决悬案大纲协定第十三条，两缔约国政府允在本协定第二条所定之会议中，订立商约时，将两缔约国关税税则，采取平等相互主义，同意协定。内地常关，清季惟崇文门左右翼及张绥各边关直隶中央，此外均由各省派员征收。民国二年（1913）将淮安、临清、凤阳、武昌、汉阳、夔、赣等关改归中央，等派监督管理。三年（1914）设局多伦，四年（1915）改为税关。又将旧属于省之潼关、辰州、浔州、成都等关改简监督，雅安、宁远两关，改归部辖。广元、永宁两关属之成都，打箭炉关属之雅安。厘金,清咸丰三年(1853),太常寺卿雷以饷军扬州,始倡之于仙女庙,幕客钱江之谋也。本云事定即裁,后遂留为善后经费,由布政使派员征收。厘局之数,据前数年之调查,全国凡700余处,但只指总局而言,分局及同类之稽征局不在其内。

直隶　15　奉天　34　黑龙江　31　甘肃　43
新疆　11　山西　42　山东　10　河南　32
江苏　58　浙江　42　湖南　34　四川　20
福建　45　广东　29　广西　30　贵州　44
吉林　44　江西　47　安徽　42　陕西　30
湖北　25　云南　44　共　752　厘局

其收入光绪初年为2000万两据云实有7000万,余皆被中饱,清末预算所列为3500万两,民国初年,预算所列为2400万两。最近之调查则如下:

厘金收入调查一

1912年	36584005元	1916年	40290084元
1913年	36882877元	1919年	39251522元
1914年	34186047元		

厘金收入调查二

直隶	681295元	吉林	1267087元	山东	227888元
山西	623504元	安徽	1599412元	奉天	4169733元
黑龙江	537087元	河南	615553元	江苏	5791113元
江西	2651936元	福建	1238737元	湖北	5049819元

湖南	2598722元	浙江	4225532元	陕西	933791元
新疆	391079元	甘肃	995806元	四川	636989元
广东	2545568元	广西	982784元	云南	398000元
贵州	525561元	热河	319621元	察哈尔	250894元
总计39257511元					

（译自日本中华经济）

厘金之中饱，据各方面之调查，皆云超过归公之数。其病民在于设卡之多，一宗货物经过一次，厘卡收税即不甚重，而从起运以至到达，究须经过几次，能否免于重征，初无把握。厘本百分抽一之谓，据调查实在百分之五至百分之十之间，且皆非从价而从量盖因征收者之无能也，又有七四厘捐抽百之一又一、九厘捐抽千分之九等。凡抽税，何者为税之物？何物税率如何？必有一定之法，并须明晰榜示如清会典与户部关税云：凡货财之经过关津者，必行商大贾挟资货殖以贸利者。乃征之物有精粗，值有贵贱，利有厚薄，各按其时也，以定应征之数，部设条科，颁于各关，刊之木榜，俾商贾周知，吏不能欺……至小民日用所需，担负奇零之物，皆不在征榷之条，以历代之通法也。惟厘金不然，开办虽须得中央核准，然办法则并无一定，税品税率以及征收之方法，皆由各省官吏，各自为政，其可随时改变。据调查，江苏一省，即有八种不同之办法云。各省后来亦谋改良，然其所谓改良者，大抵名异而实则相差无几也。下表为民国四年（1915）以后各省所行之厘税。

省名	税名	税率
直隶	厘金（一次抽收）	天津1.25% 大石高黄1%
奉天	产销税	普通货物2% 粮1% 豆3%
吉林	销场税	运销本省货物2%
黑龙江	销场税	5%
甘肃	统捐落地捐	统捐5%落地捐2.5%
新疆	统捐	3%
山西	厘金（一次抽收） 落地捐	1.2%—2.4% 1.5%
陕西	统捐	5%–6%
山东	厘金地捐	厘金约2%
河南	厘金（一次抽收）	1.25%
江苏	宁属厘金 认捐 落地捐 苏属统捐（二次抽收）	约一分外加出江捐一道 2.5% 2%
安徽	统捐 厘金 落地捐 包捐	2%
江西	统捐（四次抽收）	3%~2.5%
湖北	过境税 销场税 落地捐	2% 5% 2%–4%
浙江	统捐（两次抽收） 落地捐	约5% 发2.5%
湖南	厘金（一次或两次抽收） 落地捐	3%–1.5%
四川	统捐（一次抽收）	5%

省名	税名	税率
福建	厘金（四次抽收）	10%
广东	厘金（二次抽收）	内地2% 沿海1%-1.6%
广西	统捐	梧州贺县2.5%—5%，粮石3.5%—5%，他地普通货物值百抽五。
云南	征厘加厘	5%
贵州	厘金	未详

统捐即一次征收。产销税照例产地在本省，而销地不在本省者，即不征销税。销地在本省而产地不在者，即不征产税，但通过者，即两税皆不征，过境税则又不然。落地税者，缴销子口单之拘，承买商人直指销货地点，完税一次。征收方法，除由官吏征收外，又有认捐及包捐，认捐由本业中人与税务机关商定，认数由财厅核准，包捐则由业外之人为之，此两法可免检查之烦，及节省征收费，然认包之人，所有之权太大。铁路兴后，有寓征于运之议。民国二年（1913）通过国务会议，拟先从国有铁路试办，苟有成效，再推及其他各路及他种运输业。五年（1916）交通部拟裁路厘，创办一特别运输税，皆未能行。

最近政府已在特别会议宣布裁厘，财政善后委员会所拟办法，厘金、统捐、统税、货物税、铁路货捐以及名异实同之通过税，商埠50里内外常关正杂各税之含有通过性质者，海关征收之子口税、复进口半税及由此口到彼口之出口税，均在裁撤之列，合计所裁之数为7500余万元。裁厘自是善政，然以此与加税为交换条件，则不当。何则？厘乃内政，苟以裁厘与列国交换，当以各国减轻中国货物之入口税为条件也。且有谓裁厘，决非三数年间所能办到者，其说由美之产业税，行之百余年，无人不以为恶税，亦能于三年内裁之邪？

盐税自担保借款以来，于主权亦颇有关系。现在盐务行政，由财部附设之盐务署主管。督办由财政总长兼任，署长由次长兼任。署中设总务处及场产运销二厅，总务处司盐务人员之任用及考绩，场产厅司建造盐场仓栈及缉私之事，运销厅司运销，此外有盐运使10人、副使4人、总场长6人、盐场知事127人、榷运局9所、官硝总厂1所、掣验局2所、蒙盐局1所、扬子总栈1所、运销局1所。为担保善后大借款，故于署内设稽核总所，总办由署长兼任，会办聘外人任之。产盐地方设稽核分所，经理由华员任之，协理亦聘外人任之。盐税均存银行，非总会办会同签字，不能提用也该借款契约且订明本利拖欠逾展缓近情之日期，即须将盐政事宜归入海关管理。

盐产地	引地
两淮（十五场海盐）	江宁旧属六县，南通及如皋、泰兴两县，及扬州府属（以上为淮南食岸），淮安府属及今徐海道（除铜：山丰沛萧砀，以上为淮北食岸），湖南殆全省（淮南湘岸），湖北武昌等31县（淮南鄂岸。另钟祥等30县与川，盐并销），江西南昌等57县（淮南西岸），安徽怀宁等50县（淮南皖岸）
两浙（二十一九场海盐）	浙江全省，扛苏镇苏常松太海门25县，安徽休宁、广德、建平等8县，江西玉山等7县
云南（十二场井盐）	云南殆全省，贵州普支等4县
陕西（四场土盐）	即产盐之朝邑、蒲城、榆林、富平4县附近
长芦（三场海盐）	京兆直隶及河南之开封、陈留等52县
山东（六场海盐）	山东全省，江苏之铜山及丰沛萧砀，安徽之涡阳、宿县，河南之商丘、宁陵、鹿邑、夏邑、永城、虞城、睢县、考城、柘城
福建（十二场海盐）	福建殆全省
四川（二十三场井盐）	四川全省，贵州之殆全省，湖北恩施等8县，云南昭通、宣威等8县

盐产地	引地
河东（一场池盐）	本省45县，河南伊阳等32县，陕西长安等35县
东三省（七场海盐）	东三省全部
两广（十九场海盐）	两广及湖南永兴等11县，江西兴国等17县，福建长汀等8县，贵州下江等11县
甘肃（十四场）	甘肃殆全省，陕西甘泉等47县

税率轻重不等，最重者，每百斤至四元七角，最轻者不满一元因生产运输之费不同，以此调剂之。盐税当担保庚子赔款，时每年收入不过1200万两，近年则在9000万元左右。除善后大借款外，民国元年（1912）之克利斯浦500万金镑，借款亦以盐税为担保。民国十年（1921）三月北方政府指定每年盐税中，拨1400万元为国内公债基金。盐税自担保大借款后，征税之地，均能交中交两行，每十日由中交两行汇交就近外国银行，再汇至汇丰、道胜、德华、正金、汇理五银行。对德宣战后，由四行经理。民国十一年（1922），因关税收入增加，借款本息均以关税支付，盐款实际已与借款无关，然此项办法仍未变更。民国十五年（1926），道胜银行停业，稽核所令道胜经理之款，概交汇丰，汇往伦敦，名为：盐务稽核总所拨备归还俄发债券本息账。其德发债票向由道胜汇出者，亦令该三行分汇伦敦，经阁议议决照办。但令该财部对三行声明："对于道胜经理中国各种外债之权利，政府保留自由处分移转之特权。"

民国二年（1913），财政部颁行盐税条例，除蒙古、青海、西藏外，产盐销盐各地方划为两区，第一区为奉天、直隶、山东、山西、甘肃、陕西、江苏之淮北各产地及吉林、黑龙江、河南、安徽之皖北各销盐地方。第二区为江苏之淮南、两浙、福建、广东、四川、云南各产地，安徽之皖南，江西、湖北、湖南、广西、贵州各销盐地方。三年（1914），第一区百斤税二元，第二区仍照从前税则，四年（1915）以后，与第一区同，此为第一期办法，至第二期，则均改为二元五角，其后此项税率未能实行。

清时茶税，随地附加之捐颇多。故各省税率互有轻重，一省之中，亦彼此互殊。咸同以后，原定引制，渐成具文，光宣之交，各省或设统捐，或抽厘捐，或又按弘征课，税率亦不一致大体上西北重于东南。民国三年（1914）十月，因华茶运销外洋者，江河日下，将出口茶叶，向来每担征银一两二五者减为一两，而湘鄂皖赣洋庄红茶，求减轻茶厘，则未能实行。

烟酒牌照税，系民国元年（1912）熊希龄以总理兼财长时所办，整卖年税40元，零卖分16元、8元、4元三等。纸烟输入，当清光绪二十六年（1900），年仅3000元，民国元年（1912）已达3000万元现在1.7亿元。当时举办烟酒税，意在对外国输入之卷烟加以抽收，而结果仅办到牌照税而止。民国四年（1915），政府曾于京兆，设烟酒公卖局，定有暂行章程十四条，旋又定全国烟酒公卖局暂行章程二十条，立全国烟酒事务署，以纽传善为督办，各省皆设烟酒公卖局，由商人承办分栈，前此各省所收烟酒税如烟叶捐、烟丝捐、刨烟捐、酿造税、烧锅税之类及烟酒牌照税，均归并征收。传善去后，张寿龄继之，于民国十年（1921）八月三日，与英美烟公司立声明书十一条：凡自通商口岸运入内地者，无论其自外洋运来，抑在中国所制，除海关税及北京崇文门税外，均完一内地统捐，分四等，第一等每5万支，完12.375元，次7.125元，次4.125元，次2.25元，完过此项统捐者，各省厘金及各种税捐均免。在华制者，每5万支另完出厂捐2元，其在通商口岸或商埠销售者，出厂捐外，不完内地统捐，各省各有更税者，得以捐单为据，抵缴此项应纳捐款，惟营业税、牌照税不在此例另以公函声明，广东、广西、湖南、云贵五省为例外。遂于上海设全国纸烟捐总局，津、汉设捐务处，前此各省自抽之零星纸烟捐税陆续取消，均归沪局征收收入年约200余万元。而浙江于十二年（1923）三月开办纸烟特税，江苏、安徽、江西、湖南、湖北、直鲁豫川陕等继之，或称销场税或营业税，其税率大约为百分之二十，仿光绪初等洋药税厘并征之额也。英美烟公司，遂以此抵缴烟酒事务署所收之捐，英美公使亦迭向外部提出抗议。汪瑞闿为全国纸烟捐务督办，欲修改声明书，令英美烟公司于原有二五捐外，加捐若干，拨归各省应用，而使各省取消特税。曾于民国十三年（1924）与英领事及江苏所派委员，在江苏省公署协议，议未有成。十四年（1925）三月，督办全国烟酒事务姚国桢，与英美烟公司续订声明书四条，于十六日呈奉段执政核准。据该续订声明书，公司于先所认捐项外，加征保护捐一道，其额为百分之五，照纸烟所销售之省份，拨归该省，以抵补特税。倘各省于此外，再行征收，得将所征之数，于应缴该省数内扣抵，扣抵不足，仍得将应缴烟酒署之捐扣抵，此项办法于各省取消特税时发生效力。烟酒署与英美烟公司所订声明书，据舆论之批评，损失颇大。

（一）通商口岸及商埠定为免捐区域续订声明书时，据烟酒署云：烟公司已允实行，时通商口岸及商埠，均贴印花。然系口头声明。（二）出厂税例，征百分之五，今校最下等内地统捐之数，尚觉不及。（三）出厂捐条文云："在华制造行销各省"，因之运销国外者海参崴南洋群岛等均不纳税。（四）海关税除外，而50里内常关漏未提及，以致外商投报常关扣抵应纳之捐。而其关系尤大者。（五）子口税本所以代内地厘金，故在英文为Transit Duty沿途税。光绪二十四年（1898）总署咨准洋商进口货物领有税单者，自通商口岸至单内指定之地，允免重征，既至该地后，子口税单即应缴销，子口税单既经缴销，即与无单之货无异。故落地税等，我国向来自由征收，绝不受条约限制浙江之洋广货落地捐，江苏之洋广货业认捐等是。质言之，我国受条约限制者，惟（A）国境税及（B）国内税之通过税厘金及类似厘金之税。今乃许其将厘金及各种税捐概行免纳，是并国内税而亦与协定也。又（六）该声明之第九条，公司声明条约应享之权利，毫不抛弃。然则条约所享之权利优，即以条约为据，条约外之权利，又可以声明书攫得之，设使各种商业而皆如此，条约将等于无效矣。（七）烟税各国皆重美国五万支抽至美元百元，日本值百抽二百，实为良好税源，若与外人协定，姑不论他种捐税，外人踵起效尤，即就烟税而论，已失一笔大宗收入日本至一万数千万元。（八）至续订声明书所加税率，亦仅百分之五，此乃汪瑞闿在江宁省署协议时，烟公司已允，而我方未之许者，且此事之得失，不在税率之重轻，苟与协定，即税率加重，在彼方犹为有利也。（九）声明书期限为8年，财部宣布，照会英使时，曾声明如实行加税，修改税则，不受此声明书有效期间之限制，然除此以外，吾国改订税法，则不能不受其限制矣。然此项声明书实系违反约章，故以法律论，尝无效力之可言。各省开办卷烟特税，英美提出交涉，谓声明书允免重征，据吾国人之解释，则此项捐纳，乃所以代子口半税，子口半税，则所以代厘金，故所免者，亦应以厘金及与厘金同性质之税捐为限，各省所办非营业税，即销场税性质，营业税声明书且已除外，销场税据马凯条约，必入口洋货加征至百分之十二又五时，乃限制仅可征于土货，否则固当任我征收也或谓营业税系行为税，当按商店纯益，用累进法征收，性质与所得税相似。今按值百抽几，对货征收，明明非营业税，江苏官场解释，谓日本营业税以（1）售出货价，（2）赁房价格，（3）店伙人数为征收之标准。我国省略（2）

（3）两项手续耳。又我方谓免纳限于英美烟公司。今营业税，取之营销店铺，间接取之吸户。营业者为我国人营业店铺之物，实为我国之物。彼谓批发商大都公司代理人，货物仍系公司财产。我方谓约章外商不得在内地开设行栈，我惟认为中国商人，故许其在内地营业，且制造营销合为一人时，两税当分别征收，固各国之通例也。又议决本省单行条例及省税，为省议会之职权，中央亦不能干涉。各省所办纸烟特税，成绩不甚佳良浙省除开支外，仅得数十万，而中央所收，为烟公司扣抵者百余万，苏省初云招商包办，实多业外之人，化名承充，尤属啧有烦言。民国十四年（1925），湖北督军萧耀南曾派军需课长与公司交涉，就厂征税，订立草合同。萧卒后，吴佩孚派军警督察处长李炳煦，将草合同修正，即派李为湖北全省纸烟捐务总办，于十五年（1926）三月十六实行原设特捐总处分局及包，概行取消。土产酒类公卖章程行后，久经征税，各省税率且逐渐增加，洋酒自民国四五年后输入日多，华洋商人，又多在华仿制者，近年政府乃颁行机制酒类贩卖条例，于京兆设机制酒类征税处，向贩卖洋酒商店征收。

渔税向视为杂税之一，沿海州县间或征收。此外则吏役埠头需索，水师营汛私费而已。日人既据大连青岛，遍设水产组合所，向中国渔民索取组合费，不纳则禁其捕鱼，而彼在中国沿海却肆意滥捕，又将所得组合费作为经营渔业之资大连水产会社水产试验场、满洲渔市场、东洋捕鲸会社、青岛渔业会社等经费，不下数千万元。据报载多出自组合费，费之变相渔税。又据报载农商部尝与日本缔结渔业借款600万元，以七省领海划作数渔区为抵押品。长此以往，我国沿海渔民必将失业，难免不流为海盗，甚可虑也。近年农商部始公布渔业条例，"非中华民国人民不得在中华民国领海采捕水产动植物及取得关于渔业之权利。"第一条，然日本渔轮仍有利用我国人，巧立名目，蒙混注册者欧、美、日本对于领海，均有捕鱼区域及禁区域之别，凡属民船采捕之地，渔轮机船不许羼入，所以维沿海渔民之生计也。台湾此项区域，以沿海岛屿灯塔向外量起，自10海里至60海里不等，平均计算离岛屿约35海里。民国十年（1921），外海两部汇订领海线，以各岛潮落，向外起算3英里为界。江浙渔会曾函上海总商会，拟议扩充。

烟酒牌照税为营业税之一。此外属于营业税者，有牙税有领贴费，有常年税，自十余元至数百元、当税、特种营业执照税民国三年（1914），定分十三种，计其资本抽百分之二又五。

登录税分契税及注册费两种。契税所包其广凡产业移转有契为凭者，皆税焉。注册费分（1）轮船、（2）铁路、（3）商业、（4）公司、（5）矿业、（6）律师、（7）著作权七类。

清代鉴于明末矿税之弊，各地之矿，有司多奏请封闭，惟云南有铜矿，户工二部恃以铸钱。此外率多私采。民国乃定矿税条例，分为矿区税，视其种类及矿区之大小，矿产之多少而定。

印花税民国二年（1913）所行者，第一类发货票、银钱收据15种，第二类提货单、股票、汇票等11种。三年（1914）八月续颁人事凭证帖用印花条例，为出洋及国内游历护照、免税单照、官吏试验合格证书、中学以上毕业证书、婚书等。

牲畜税及屠宰税本系杂税清初凡贸易之牲畜，值百抽三，屠宰无税，季年东南各有屠宰税，民国因之，民国三年（1914）冬，财政部调查各省牲畜税为骡、马、驴、牛、羊、豕六种，西北多于东南。四年（1915）正月，财政部颁屠宰税简章，以猪、牛、羊三种为限。

房捐起于清末清初大兴宛平有铺面税，仁和、钱塘有间架房税，江宁有市廛钞，北京琉璃高瓦两厂，有计檩输税之法，新疆乌鲁木齐亦有铺面税，康雍间先后奉旨豁免，由各地方自办，民国亦有仍之者。

第四章　官制篇

民国肇建，临时政府组织大纲定行，改设五部，曰外交，曰内务，曰财政，曰军务，曰交通，后修改删此条。设陆军、海军、外交、司法、财政、内务、教育、实业、交通九部，时采美制，不设总理。孙文既逊位，袁世凯就职于北京，临时政府组织大纲改为临时约法，设总理，析实业为农林、工商二部。三年（1914），袁世凯开约法会议，修改临时约法为中华民国约法所谓新约法，复废总理，设国务卿，并农林工商二部为农商部。世凯死，黎元洪为总统，复设总理、外官。民军起义时，执一省之军权者，曰都督；司民治者，曰民政长。废司道府州，但存县。袁氏改都督曰将军，民政长曰巡按使，设道尹。护国军起，掌军者称都督。黎元洪为总统，改都督将军，皆曰督军，巡按使曰省长。凡督军皆专一省之兵，侵及民政，论者固有军民分治议，不果行。其所辖跨数省，或兼辖数省者，则称巡阅使云，此民国以来，北京政府官制之大略也。民国之官吏，以好贿闻于天下，明清制禄之薄，固有以使之也，官吏之薪金，亟待改善焉。

第五章　选举篇

考试为中国固有之良法，然历代任官，由于考试者，实仅科举一途而已，犹未尽其用也。及孙文乃大昌，其义列为五权宪法之一焉。案自国民政府成立以前，各省已有举行考试者，以县长佐治员，教育、警察、卫生各行政人员，会计人员，司法员吏管狱员、承审员、承发吏等为多。使领馆职员，外交部亦曾举行考试，然非定法也。十八年（1929）一月一日，国民政府乃公布考试法，分考试为普通、高等、特别三种。普通考试在各省区举行，高等考试在首都或考试院指定之区域举行，每年或间年一举。初试国文、党义，次分科试其所学。其事由典试委员会任之，以主考官为委员长普通考试，主考官由国民政府简派，高等考试特派。监察院派员监试。应试及格者，由考试院发给证书予以登记。举行考试之前，先之以检定考试，在各省举行。二十年（1931）三月分布特种考试法，以试候选及任命人员及应领证书之专门职业或技术人员而定其资格。定以是年四月至六月为检定考试之期，七月十五日举行高等考试，其普通考试分区巡回举行。分全国为九区，区设典试委员会，以次分赴各省。江苏、浙江、安徽、湖南、湖北、江西、六省为第一区，河北、山东、河南、山西、察哈尔、绥远六省为第二区，辽宁、吉林、黑龙江、热河四省为第三区，陕西、甘肃、青海、宁夏四省为第四区，四川、西康、云南、贵州四省为第五区，广东、广西、福建三省为第六区，新疆为第七区，蒙古为第八区，西藏为第九区。第一次甘肃、宁夏、青海三省，四川、西康两省皆合并举行，新疆暂行委托考试，蒙古西藏则暂缓。定于是年九月十五日举行，高等考试既毕，大水为灾，交通艰阻，展期至次年一月至六月间，因国难又未果，展至七月至十二月间，至十二月乃有山西省举行。明年河北、绥远、河南继之。二十三年（1934）首都及浙江乃又行之焉。军兴以来，需才孔亟，而平时典试等法，至此或难尽行。二十八年（1939）十月二十八日，乃公布非常时期特种考试暂行条例，规定特种考试由考试院视需要随时举行，分类分科及应考资格亦由院规定。其试法得分初试再试，而二者又各得分为若干试，亦有院定之。得不设典试委员会，由院派员办理。与普通考试相当者，得委托任用机关行之。高等考试及普通考试，亦颇得援用其法。考试院又拟订战地任用人才考试办法，先分地调查，次分类筹备，乃指定后方地点，派员巡回举行。又制定全国人才登记规程，有应高等、普通考试资格者，或由调查，或因申请，予以登记其学历经验，优者或介绍工作，或举行奖学考试，以资鼓励。其特种公务员邮电、路航、关盐等及专门职业技术人员考试之法，亦在拟订之中前此数尝举行，惟未有定法。高等考试是年十月一日分在重庆、成都、昆明、桂林、皋兰、城固、永康七处举行，先是中央政治会议议决，此后高等考试分初试及再试，合格者一律入中央政治学校训练，期满后举行再试，及格乃依法任用。及是依以举行初试及格者，皆送中央政治学校训练，训练之期定为一年，期满由院再试及格，则发给证书，依法任用。不及格者得再试一次，训练期内，膳食、服装、讲义均由学校供给，并月给津贴30元焉。其普通考试，战后广西、云南、陕西，皆尝举行。二十九年（1940）十二月十六日公布县参议员及乡镇民代表候选人考试暂行条例，分试验、检讨二项，试验科目由考试院定之，检讨除审查资格外，得举行测验或口试，其办法亦由考试院订定。

高等考试之分科，有外交官、领事官、教育、卫生、财务、行政人员，有会计统计人员，有司法官、监狱官、律师，有西医师、药师，其条例皆十九年（1930）公布；有警察行政人员、工业、农业、农林技术人员，其条例皆二十年（1931）公布；后又有建设人员普通考试，科目有普通行政人员、教育卫生行政人员、监狱官、书记官，其条例皆十九年（1930）公布；警察、农林行政人员，工业、农业技术人员，其条例皆二十年（1931）公布。后又有审计人员。二十八年（1939）高等考试分（一）普通行政，（二）财务行政，（三）经济行政，（四）土地行政，（五）教育行政，（六）司法官，（七）外交官、领事官，（八）统计人员，（九）会计、审计人员九项，后又加合作行政人员一项。特种考试，有监所看守，有图书管理员，有助产士，有牙医，有商品检验技术人员，有邮务人员，有中小学教师（检定），有引水人，其条例皆二十年（1931）公布，战后财务、交通、电信、路政、邮务、会计、工程、地方行政、农业推广、土地呈报、教育视察、气象测候，皆尝举行考试。盖有所求，则试之无定限，已公布之条例，或亦不能改废也。

十九年（1930）十一月二十九日，国民政府公布考试复核条例，京内外各官署，在考试院举行考试以前，遵照中央法令所举行之考试，均依该条例加以复核，如考试章程是否根据中央法令，或经中央核准考试方法，是否依照考试章程考试科目，是否与所任职务相当，成绩是否及格是也。二十年（1931）一月乃呈请，嗣后各省请举行考试者，一律停止。各项考试概归考选委员会呈院核准施行焉。惟仍有由各机关自办而呈院核准备案者，建设委员会于普通工程及事务人员，即尝行之。

　　铨叙部设登记、甄核、育才三司及铨叙审查委员会，以审查公务员资格成绩，任免升降转调俸给年金奖恤抚恤本属内政及司法行政部及规划公务员补习教育及公益之事。十九年（1930）四月公布现任公务员甄别审查条例，印就表格及证明书发交中央各院部会及各省市政府，请转发所属各机关，限期填送。是年六月开始审查，分资格、成绩两项，资格分革命功勋、学历、经历、考试及格四项，成绩由长官加具考语，分甲、乙、丙、丁四等。报部之期本定是年十二月，后展期五次，至二十二年（1933）乃截止，然未填送者，实尚十之六七也。审查既竣，乃行登记，举审查合格者而籍录之，是曰初次登记。其后升降调免及其他事项如死亡等一一籍录，谓之动态登记焉。二十八年（1939）十二月八日公布非常时期公务员考绩条例，分工作、操行、学识为三项，工作占50分，操行、学识乃各占25分，总计满60分为及格留任惟工作不及30分，操行、学识不及15分者，仍以不及格论。不及格者降级或免职，在80分以上者晋级。二十九年（1940）十二月二十日公布各机关人事管理暂行条例，规定各机关就原有经费及人员中，设置人事处司科股或指定专任人员办理送请铨叙、进退迁调、考核奖惩，其他人事登记、训练补习、抚恤公益等事项焉。

　　法不难于立而难于行。二十二年（1933）考试院秘书处致考选委员会公函，内附周邦道等条陈云：两年来第一届高考及格，依法任用，呈荐试署实授者，只34人，内已遭罢免者10人，现在任用者，不过24人，皆有备员之名，而无得官之实。公务员任用法虽已施行，能否推行尽致，尚不可知。且依该法施行条例，有轮班选补3名叙一之法则，如教育部分发，尚未任用者有6人，即令今后历任长官均能守法不渝,亦须候至第十六个缺,第六人始能进叙,实非一二年所能,其他机关情形,亦多类是云云。考试及格者,任用之难可以想见。二十七年(1938)二月四日《译报》载《字林西报》云,中国目前引用私人非常普遍,文官考试实已不存。六月二十八日《文汇报》转载《新华日报》"保卫武汉与第三期抗战问题意见"一文,其第五节,"解决一切问题之中心枢纽"云:一是党派门户成见未能全泯。二是个人亲故私情时常发生作用,抗战之时如此,平时可知。今之所谓公务员任用法者,核其实,已难尽如人意,而其行之之难,犹如是。昔人所谓去河北贼易,去朝中朋党难,其理亦不外是也。

第六章 刑法篇

宣统元年（1913）定法院编制法。预备立宪案定光绪三十六年（1910）颁布新刑律，三十九年实行。是年颁布民商律、刑民事诉讼律。四十一年（1915）实行同时编订法律。民国成立，因而改良之，仍设修订法律馆，颁布单行法多种如国籍法、商会法、商标法、商业注册条例、公司注册条例、商事公断处章程、证券交易所章程、物品交易所章程、会计师暂行章程、森林法、狩猎法、矿业条例、著作权法等。然根本大法未立吾国之根本大法，萌芽于民军起义时，各省都督府代表所定临时政府组织大纲，参议院成，修改之为临时约法，其五十四条，规定宪法由国会制定。逮国会开，而赣宁之役起，于是有先选总统，后定宪法之议。总统选出，而国会解散。袁世凯召集约法会议，修改临时约法，名之曰中华民国约法，世称之曰新约法。黎元洪为总统，恢复临时约法，召集国会，宪法会议亦续开。未几张勋胁元洪，解散国会，议员自行集会于广州，又开宪法会议，迄亦未成。直奉战后，徐世昌去位，黎元洪复职，撤销解散国会之令，国会再开，至十二年（1923）十月一日而宪法乃成。时直系曹锟为总统，南方诸省拒之，曹锟败后，段祺瑞为执政，召集国民代表会议。其条例第一条云：临时政府为制定宪法及其施行附则，召集国民代表会议云云。则亦未承认国会所定之宪法也，民刑商法亦未完善新刑律草案系清末修订，法律馆所拟，光绪三十三年（1907）八月成，由各部各省加以签注，宪政编查馆核订，资政院通过，其总则宣统二年（1910）

十二月颁行。民国元年（1912）三月十日大总统令，从前法律及新刑律，除与国体抵触各条外，均准暂行援用。其民法清末拟订未成，而民刑事诉讼法则成于光绪三十二年（1906），而未颁布。商律起光绪二十九年（1903）三月，命载振、袁世凯、伍廷芳拟订，是年商部成商人通例及公司律，民国皆修改颁行。三十二年（1906）又成破产律，则民国亦迄未颁布也。民国十年（1921）十一月十四日大总统令，将民刑事诉讼条例，施行于东省特别法院。明年一月六日又令，自是年七月一日起，通行全国，二十五日又公布民刑事简易程序暂行条例，其后国务会议又议决准法制局呈。民国十四年（1925）修订法律馆所拟民律案、总则编、民律案续编、票据法案，及清宣统元年（1909）修订法律馆所拟商律商行为法案、海船法案，及民国四年（1915）法律编查会所拟破产法案，均准参酌采用，仍饬修订，法律馆将该项法案分别妥为厘订，呈请颁布，而惩治盗匪法三年（1914）十一月二十七日颁行，十一年（1922）十二月司法部以部令废之，而河南、湖北、江苏各军事长官反对。十二年（1923）三月三日大总统又以命令复之，惩治盗匪审讯全由县知事，京兆呈准司法部，外省呈准省长执行。高级军官驻处，距审判厅、县公署在百里以上，或时机紧急时，亦得审讯，呈准最高级直辖长官执行，治安警察法三年（1914）三月二日颁行，所以限制结社集会公众运动，收藏军器等，轻者由警厅，重者由法院处理，戒严法元年（1912）十二月十五日颁布戒严，由司令官发布，出版法等三年（1914）十二月四日颁行，十五年（1926）废，此法规定警察官得没收出版物颇饬峻刻兼之。警察权限太广违警罚法，四年（1915）十一月七日颁布，罚则有六。曰训诫，曰罚金，曰拘留，曰没收，曰停止营业，曰勒令歇业。罚金自1角至15元，拘留自1日至15日，然涉及二款者，罚金得增至30元，拘留得增至20日，京师又倍之。第二十六条，与警署以逮捕之权，而无立讯取保待传等规定，则人人可以细故被拘已。中国警察，普通者为京师警察、地方警察、县警察，谓省会及商埠之警察也。其官制，皆三年（1914）八月二十九日所公布。治安警察章程公布于六年（1917）九月二十六日，此外有司法警察，有水上警察，而铁路税务处、盐务署、烟酒事务署等，亦皆得行警察权。警察处分为行政处分，只能诉之上级行政官，而不能诉之普通法庭也颇损人民之自由，尚有待于改订也。

审判之法，清季所行为四级三审制。四级者，大理院、高等审判厅、地方审判厅、初级审判厅。三审者，初审在初级厅，上诉止于高级厅；初审在地方厅，则上诉终于大理院也惟内乱、外患、妨害国家三罪，以高等厅为初审，大理院为复审，为四级二审。审判厅皆与检察厅并设大理院及总检察厅设于京师，高等审判检察厅设于各省，大理院得就高等厅内设分院，高等地方皆得设分厅。盖采德日之法也。鼎革以还，亦就其法而加以改进，未设审判厅处，皆于县署附设审检所。民国三年（1914）裁之，并及初级审判厅，减地方厅之权，而就县公署设简易庭，以承审员、县知事司审判其条例系民国三年（1914）四月五日公布，县知事受高等审判厅长监督，承审员由县知事呈请高等厅长任命，其上诉在邻近地方厅及高等厅。非新式法院，律师不得出庭，见民国二年（1913）二月十六日司法部令。其制迄今未革，民国六年（1917）五月尝命全国各县皆设县司法公署，以理初审事件，不问事之轻重，以司法部考试合格者，与县知事并行其事，然设者寥寥也。东省特别法院，设于民国九年（1920）十月三十一日，初以治俄人，其后凡无领事裁判权国之外人，皆归审理焉高等及地方审判厅，各一在哈尔滨，分庭三在满洲里、海拉尔、横道河子。平政院为民国所创设，凡行政诉讼及诉愿至最高级行政长官，而仍不服者，则控诉于此私人对政府主张权利，仍归普通法庭。审判处设于内外蒙古处长为简任职，得以道尹兼，审理员若干人，由都统选任，由司法部长呈请任命，热、察、绥、库伦、恰克图、乌里雅苏台、科布多、唐奴乌梁海皆设之。新疆则沿清末所设之司法筹备处，不服县之判决者上诉焉再上即至大理院。在内地省长有监督司法行政之权，在内外蒙古，则由热、察、绥都统，外蒙古宣抚司监督司法官考试章程系民国六年（1917）十月十八日公布，书记官考试章程民国八年（1919）六月二十日公布，承发吏民国九年（1920）五月十六日公布、县司法公署审判官民国六年（1917）五月一日公布、承审员民国八年（1919）六月二十日公布皆考试而后任用。律师公会之法，系民国六年（1917）十月十八日颁布，无领事裁判权国之律师，得代理其国人之诉讼，有暂行章程系民国九年（1920）十二月十四日所公布。

新刑律所用刑罚分主刑及从刑，主刑可以独科，从刑则必随主刑。主刑五，曰死，用绞刑于狱中行之；曰无期徒刑，除假释赦免外，终身监禁；曰有期徒刑，一等自10年至15年，二等自5年至10年，三等自3年至5年，四等自1年至3年，五等自2月至1年；曰拘役，自2日至1月；曰罚金。从刑二，曰没收违禁之物，犯罪用之物，犯罪所得之物，以无他人之权利者为限；曰褫夺公权其类有六，一服官，二选举，三受勋章，四入军籍，五为学校职教员，六为律师。褫夺有一部全部之分，时间亦有远近，必犯徒刑以上刑，始得褫夺公权。

美国太平洋会议时，中国曾提出撤销领事裁判权案，议决与会各国各派委员一人，组织委员会，考察在中国领事裁判权之情形及中国之法律、司法制度、司法行政，将考察所得，报告各国政府，其改良之法，以及他国辅助中国改良，及渐次撤销领事裁判权之法，委员会认为适宜者，并得建议于各国政府惟采用与否，各国皆得自由。所谓各国，中国亦在内。此案议决于民国十年（1921）十二月二日，始在北京开会，至五月十日出京调查，历汉口、九江、江宁，抵上海，更经青岛至哈尔滨及吉林参观其法院监狱看守所，九月十六日将报告书签字，全书凡分四编。第一编述各国在华领事裁判权之沿革及其现在情形；第二编述中国之法律及司法制度、司法行政；第三编加以评论；第四编则建议也。就其第三、四编观之，实足为我它山之石焉。按该报告书所不满于我者，曰无根本法总统发布法律，系根据约法，而今约法失效，则凡所发布之法律，皆无根据。曰军事法令及审判权力太大案我国审理军人者，由陆海军高等军法会审，设于陆海军部审理，将以上陆海军军法会审就军队所驻之地设之，陆海军别有刑事条例，然非军人而犯此条例者，亦适用之。而军人则只由军法审判，是平民受治于军法，而军人不受治于法庭也。加以戒严之权在于军人，其审讯也，既无律师出庭，并且禁止旁听，又无上诉机关，并无解严之后，得由普通法院复审之规定。而得施棍刑，至于600，平民权利，存者亦仅矣。曰重要法律，多未制定，而已公布之法，多援引未公布之法，使人无所适从，又施行细则，颁布太迟，或竟不颁布委员会建议宜速修正者为刑法，速颁布者为民法、商法、银行法、破产法、专利法、公证人法、土地收用法。曰各省多自定章程颁行如当时东三省自定伪造操纵军用票者处死刑之法。曰以行政官监督司法谓省长等。曰新式法院太少当时共150，兼理诉讼之县知事太多合计约1800。新式监狱之数，当时为63所，此外则法院附设看守所，以羁禁刑事未决之犯及民事被告，典狱长、看守所长由检察长监督，职员亦由考试任用，其余皆旧式监狱矣。承审员由其选用，律师又不许出庭，判决多由口头，而罚金自60元，拘役自30日以下，只许行政诉讼，人民权利无所保障。曰警察得行检察权，得为行政处分，又多越权受利之事警察得逮捕人民，又得与检察官同时从事侦查。曰人才太乏、经费太少，以是薪俸未足养廉，监狱官尤甚，又以此故，法院不能多设。统计须400万人，乃有一新式第一审法院，30万人乃有一县知事公署，且多以地方厅摄初级厅，高等厅摄地方厅之事。平政院则全国只有一所，交通又极不便，诉讼太难。曰未决犯人之保释太难，拘押民事被告太无限制。曰内地用刑讯及虐待囚徒之事尚多。曰国民不甚了解新法律，故新法虽颁，旧法依然通行。其所痛心疾首者，尤在军人。谓其戒严，初不宣布，军事裁判既操其手，又多侵越司法之权，即杀人多用斩刑，可见其肆无忌惮案除惩治盗匪法外，无斩刑。其所最称许者，则为新式法院及监狱，谓诚足以治理欧美人而无惭色也。观于他人之评论，而我当知所以自奋矣。

领事裁判权为法权未明时之遗制，17世纪即绝迹于欧洲，而存于地中海东南岸诸国，其根据由于积习相沿，而在远东，则概由于条约如中国、日本、朝鲜、暹罗。中国之畀外人以领事裁判权，始于英五口通商章程十三款。又咸丰八年（1858）天津条约，光绪二年（1876）芝罘条约。而美国道光二十四年（1844）条约第十六、第二十一、第二十四、第二十五、第二十九各款，又天津条约及光绪六年（1880）条约、法国道光二十四年（1844）约第二十七、第二十八款，天津条约第三十八、第三十九款继之其后。各国得此权者，还有德国天津条约第三十五款、俄国天津条约第七款、瑞典道光二十七年（1847）广州条约第二十款，又光绪三十四年（1908）条约、挪威、意大利同治五年（1866）天津条约第十五、十六、十七款、丹麦北京条约十五款、荷兰同治二年（1863）天津条约第六款、比利时同治六年（1867）北京条约第十六款、瑞士民国七年（1918）六月三日条约，此中国畀外人以领事裁判权最后者、墨西哥光绪二十五年（1899）条约、巴西、秘鲁天津条约第十二条、日本同治十年（1871）之约，两国皆有此权，中日战后，乃为彼所独有等国，事有先后，约文亦不一律。然各约多有最优待国之条，彼此得互相援引，故其办法略有一定也。

凡原被告均系外国人，而其国籍同者，即由其国领事审判。若均为外人而国籍异者，则由该两国自行立约办理，中国不过问通常亦系向被告之领事控诉。原被告有一人为华人，则华控洋在其国之领事，而中国官员得观审。洋控华在中国官署，而其国领事得观审，此皆定之于条约者也观审之权见于条约者，为光绪六年（1880）中美条约第四款，惟历来所行，亦多由习惯，而至不尽根据于条约也。无约国人控有约国人，当向有约国领事自不待言，其有约国人控无约国人，或两无约国人相控，则仍归我国审判，惟邀一外国官员陪审，此则洋泾浜设官，会审章程见下阶之厉也。

我国自设新式法院，不许外人观审，律师亦限用中国人，外人如必欲行其观审之权，则只有就行政官起诉耳。然多乐就新法庭者。民国八年（1919）五月二十三日始公布，无领事裁判权国人民民刑诉讼章程，九年（1920）十月三十日及比利时条约宣告废弃后，尝两次修正章程，规定此项审理，均归新式法院，无者须送附近之新式法院，路遥或有不能移送情形者，呈报司法部核办管收及监禁，亦用新式监狱及拘留所，无者则以适宜房屋代之。

咸丰八年（1858）中英条约第二十一款，规定外人住所船只非经其国领事许可，不得搜查，即有中国罪犯潜入其中者，亦必照会领事，查明实系犯罪，然后交出。外人以住屋船只庇护逃人，实基于此。至外人所雇用之华人，亦必领事许可，然后可以逮捕。则又条约所无，而洋泾浜章程阶之厉者也。又照条约，中国警察本得逮捕外人惟逮捕后须交该国领事，惟租界警察由外人办理，逮捕之权，遂为所有。至上海则虽欲逮捕居住租界之中国人，亦必经领事签字，由会审公廨预审，方能解交中国官署矣。故租界不除，即领事裁判权撤消，我国法权亦尚不能无损也。又咸丰八年（1858）中英条约第九款，中法条约第八款，均规定外人之至内地者，领事裁判权亦不丧失，故苟犯罪，亦必须送交就近领事官，沿途只得拘禁，不得虐待。此亦外人之至内地者，所以恒为人民所疾视也。

中英通商章程谓两国人民相控，领事应先行调处他国之约，亦多有此说。于民事多用之，而在上海之法人，用之尤多。大抵始由领事调处，不能宁息，则由领事会同中国官员调处。所会同之官，初无一定，自交涉员以下皆可。凡外人控诉华人者，如不服判决，旧以上海道为上诉机关。后易之以交涉员、领事亦得观审，更不服，则法无上诉机关，惟可移至京师，由该国使臣与外部交涉耳。华人控外人而不服领事之判决者，可依其国之法上诉，惟事不易行耳。

领事裁判之名，初不符于事实，中英天律条约第十六款，明言英国人民有犯事者，由英国领事官或委员惩办。当时华文译本，但称由英国惩办而已。其后芝罘条约，于此特重加声明第二款。英、美、意、挪威、日本，在我国皆设有法院英有高等法院在上海，系于1904年所设；美以上海领事兼法院司法委员，其等级与地方审判厅同，每年至天津、汉口、广州各一次，亦得至各领事馆开庭，其制始于1906年；意国法院附设于领事馆中；挪威则上海总领事即为法院法官，以有法官资格者为之；日本领事亦有一定资格，其审级与初审法院同，余则皆以领事判决，或派会审员副之。上诉或在其本国或在中国附近如法在河内、西贡，葡在澳门卧亚，终审除荷在巴达维亚，日本在旅顺、汉城、台湾外侨寓东三省之日人，上诉在关东高等审判厅，终诉即在该厅内之最终上诉庭；在间岛者，上诉在汉城之高等审判厅，终诉在汉城大理院；在中国南方者，上诉在台湾高等审判厅，终诉亦在该厅之最终上告庭；在中国中部者，上诉在长崎高等审判厅，终诉在其本国之大理院，皆在其本国。

英、美、法、日皆有监狱，以禁短期罪犯，他国罪犯，或寄此四国狱中，或寄上海租界西牢，或送致其本国，法律皆从其本国，亦有参酌地方习惯，或用条理，或依国际法。用外国法者，领事亦有因该国法律许可，得定章程，令侨民遵守者。各国律师均得出席于其本国之法庭，在他国则以相互为条件，此在我国各国领事裁判权之大致也。

领事裁判权之行于近东，以彼此所奉之教不同为口实，然虐待异教徒，土耳其等国有之，我国无有也。或谓由彼此习尚不同，则我于彼，亦应有此权矣。又靳而不与，何也？故其所借口，仍在我法律及司法制度之不善也其所列举，约有数端：刑罚残酷一也。监狱不善二也。司法行政不分三也。官吏歧视外人四也。连坐之法，累及无辜，五也。罪未定而先用刑讯，六也。此说诚非尽诬，然此制之存于我有害，于彼亦未必有利，其害于我者，则主权之受损，一也。外人之横行，二也。领事官究非法官，用法不尽能持平，不免偏袒其本国人，华人又不谙其诉讼程序，不免受损，三也。华人及其财产，在领事馆注册，即不受中国法律治理，四也。有外籍者，欲享外人所不能享之权利，则自称华人，逮其犯事，又请外国领事保护，五也。外人以其住宅船舶庇护中国之逋逃，六也。中国与各国无交还罪人之约，各国之间亦然。以致罪人往往漏网外人亦有逃入华界及他国人住宅者，七也。彼之不利，则法律错杂，一也两造为原被告异，其权利义务异。除停止审理及移交其本国领事外，无惩治原告之法，原告或藐视被告国之领事，二也。被告反诉，即须在别一领事处，两领事判决或不同，则窒碍难行，待之则迟延已甚，三也。数国人共犯一罪，必由数国领事，各自分别审理，不便尤甚，四也。上诉太远，即如英美在中国有法院者，相距较远之侨民，赴诉亦甚不便，五也证人证物远不能致，即赴诉，亦甚难审理。领事所辖太广，亦甚遥远，六也如意在中国领事有五，上海领事兼管苏皖闽浙山东之侨民，汉口领事兼管两湖四川江西河南陕甘，天津领事兼管直隶山西，哈尔滨领事兼管东三省，广州领事兼管两广云贵，以此而言，赴诉诚觉远哉遥遥，虽云领事可至他处开庭，然其事亦甚难行也。且外人之来，本为通商，通商之局，今后决不能限于数口岸。然领事裁判权不除，中国终不能许外人杂居内地，则尤其大不利者也。职是故，领事裁判之制，固我之所痛心，亦彼此所疾首也。

辛丑和议成后，重订商约，英第十二款、美第十五款、日第十一款三国皆有俟我法律完备，司法制度改善，即弃其领事裁判权之条。光绪三十四年（1908），瑞典条约第十款，则谓各国皆允弃其领事裁判权，瑞典亦必照办。民国七年（1918），瑞士条约同。民国十年（1921）九月二十六日墨西哥照会，允于将来修改。1899年墨西哥条约，明载放弃领事裁判权条文。民国四年（1915）二月二十八日智利条约，于领事裁判权，未曾提及。民国九年（1915）六月一日波斯条约，则明定无领事裁判权。欧战后德、俄、奥、匈诸国丧失其领事裁判权者，亦皆于条约中订明。即日本以兵力胁我，所订民国四年（1920）五月二十五日之约，亦有南满东蒙地方司法改良，日侨即统归中国审理之语。故领事裁判权迟早必废，不过如我国今日司法情形，而欲外人之即肯放弃，则非如俄、德等之遭遇事变，恐亦难旦夕期之。为我计者，当尽力改良司法，而交涉则宜各别为之。巴黎和会、太平洋会议两次提案，一则空言无补，一则转使人协以谋我，则殊为无谓耳调查委员之来，南方政府以领事裁判权应即撤废，无待调查，拒之是也。

领事裁判权而外，又有所谓会审公廨，其事起于同治七年（1868）之洋泾浜设官会审章程，而其事权旁落于外国领事之手，至今华人诉讼，亦受外人干预。则鼎革之际，华官之弃职为之也。初上海之既开埠也,两江总督、江苏巡抚会奏,令苏松同知移驻上海,专管华洋事件。是时士大夫多深恶洋人,称租界曰夷场,以涉足其间为耻,居其地者,仅极贫无籍之民,租界甚寥落也。逮太平军起,沿江之民避难者,多至上海。咸丰三年(1853)刘丽川又陷上海县城。于是上海之民,亦多避入租界者,租界居民始繁。其时中国官吏,遁逃租界内,居民无治理,英美法领事乃自定条例以治之,并进而裁判华人案件矣。同治七年(1868)上海道与三国领事订定章程十条,遴委同知一员,常驻洋泾浜,管理华洋诉讼,即俗所称华洋同知者也。其章程第一条云:"遴委同知一员,专治洋泾浜,管理各国租地界内钱债、斗殴、窃盗词讼各案,立一公馆此即后来所谓公廨者,置备枷杖以下刑具,并设饭歇。凡有华民控告华民及洋商控告华民,无论钱债与交易各事,均准其提讯定断。照中国常例审讯,并准其提讯定断及发落枷杖以下罪名。"第二条云:"凡遇案件牵涉洋人,必应到案者,必须领事官会同委员审问,或派洋官会审。若案情只系中国人,并无洋人在内,即听中国委员自行讯断,各国领事官,毋庸干预。"权限原自分明,惟第三条规定受雇于洋人之华人及第六条规定无约国人民之讼案者,不免丧失国权耳。当时此项章程,系由上海道禀陈两江总督,由两江总督奏请,饬下总署,照会英使,然后由上海道宣示,不过行政处分,在内非法律,对外非条约,本可由行政官署更改废弃者也。此后除租界所生刑事案件,捕房解至公廨者,亦由领事派员参与上海人称之曰早堂。其民事案,由华员独审,则称晚堂,为越出权限外,余皆照章办理。公廨经费由上海道拨给,上诉亦在上海道,固纯然中国法庭也。洋泾浜章程之订定也。法领事谓其第十条与条约冲突,故未签字,明年就法领事署,别设会审公廨,然其章程亦多援用沪道所定。光绪二十四年(1898),租界地址扩充,三十一年

(1905）以领事要求，各国公使商决，续订章程十一条，未为中国所承认，然实则多已照行与于此役者，为英美德奥意俄荷比日韩十国。是岁停止刑讯，乃以五年以下之徒刑为公廨发落之限。其实旧时徒刑，最重不过三年。所谓枷杖，乃指违警之轻罪杖以笞代。旧时罪重于此者，均归上海县审断命案亦由县相验，以知县品卑于同知，而为正印官也。此次之改变，公廨越权多矣。然亦未满足其遂，为外人侵我法权之伥也。辛亥扰攘之际，外人乘之侵我主权，会审官变为由各领事会同聘用华会审官，正一人，副四人，洋会审官一人或二人，华人民事案，亦由其会审，除无期徒刑及死刑，预审后移交中国外，其余悉由其判决，徒刑有至二十年者，上诉在公共租界，或即由原审官，或则易人重审。在法租界，则以资格较深之员复审，亦不复上诉上海道尹与交涉员矣。审理虽以租界为限，然停泊上海之船只，亦在审理之内。别有检察处类中国法院之书记厅，处长一人，员十二人，皆由工部局推荐旅沪外人，由各领事会同委用。内分交保处、收支处、总写字间、洋务案处、车务案处。总写字间者，办理刑事案件者也。属于华官者，有华官办公处，官秘书一人，科长三人，书记若干人。廨官俸给，均在上海道存款内划交，其他费用在罚金中提取。华会审员既非法官，洋会审员亦徒熟华事，不知法律，所用法律既杂，又或参酌习惯，判决先后互异，律师非遍通各国之法，不能承当，需索特甚，诉状堂供皆须兼用中英文，所费既多，办理尤滞，案积如山，民事有延至一二月，然后审理者。恃强攘权而又不能善其事，即外人亦莫不齿冷也。

领事之攘夺会审公廨，其所借口者，曰革命之际，代我管理。然则民国政府成立，即应交还，本无待于交涉。乃始因各国尚未承认民国而搁置，及承认之后，外交部照会公使，请其交还。领衔英使朱尔典反谓公廨自外人代管以后，较胜华人自管之时，必须酌改办法，方可交还当时报载朱尔典所提条件，有会审官参用外人，一切罪名，均可判决。上诉亦由原机关复审，监狱收支，均须用外人管理等，说未知确否。民国四年（1915）八月三日外交部拟定办法五条，照会领衔美使，以欧战起，中国又迭遭政变搁置。十一年（1922）十月二十六日，外交部又将前定五条办法酌改，大致民事案件，专由华官审理，刑事案件许洋员会审，但以与租界治安有关者为限案件之究为民事抑刑事极难定，本民事也，在狡猾者不难使之牵涉刑事，或变为刑事，故此项办法，当时论者颇以为不安也。照会领衔葡使，亦无成议。□□年五月三日领衔荷使，照会我国外部，谓苟欲交还公廨，则公廨经费必须有着，公廨判决，中国法庭均须承认，其办事亦须予以协助案自外人代管公廨之后，大理院判例，均以其判决为无效。司法部亦训令各司法机关，不许予以协助，并须承认推广上海租界云云。中国不许。而德人受英、美、意、日等国所委会审官审理，亦提出抗议对中国外交部。五卅案起，沪人以交还公廨，列为十三条要求之一，外部趁机废原拟五条办法，别提新案，外人又不可。时则东省特别法院业已设立，于是议仿其制，亦设特别法院于上海，议未就，而孙传芳使淞沪商埠总办丁文江特派交涉员许沅商诸各领事。自十五年（1926）五月至八月，与英美挪荷日五国领事会商者，凡七次。乃改会审公廨为临时法院。（一）有关租界治安之刑事，（二）犯洋泾浜章程及其附则者，（三）有领事裁判权国之人所雇用之华人为被告，均许其观审。（1）有约国人及工部局为原告之民事，（2）有约国人告诉之刑事，则准其会审于法庭中，别设上诉庭，庭长由临时法庭庭长兼任，初审许观审者，此时亦许观审，许会审者，至此亦许会审，刑事上诉即于此。民事案则以交涉员为上诉机关，由交涉员约同领事会审，租界内检验，由推事会同领袖领事所派之员为之，适用法律须顾及本章程所定及公廨诉讼惯例，有约国人之传票、拘票及搜查其住所，仍须领事签字，监狱由工部局警务处管理，法庭庭长得派员会同领袖领事所派之员视察，司法警察由工部局警务处选派，工部局警务处所拘捕之人，24小时内，须送交临时法庭。事务会计归书记长管理，书记长由领袖领事推荐，此皆交还公廨章程所定也。别以换文申明：（甲）以前公廨判决及此后临时法庭判决，苏省政府视为与他法院判决效力相同。（乙）刑事发生于外国船上，外国人所有之地，属于工部局租界外马路及上宝区内，均临时法院管辖。（丙）无领事裁判权国之人民为刑事被告，由第三国领事观审。（丁）庭长推事之名，须通知领袖领事。（戊）许观审之案，外国律师均得出庭，原被告诉状答诉状，均别备英文者一份。（己）法院须雇用外国人10名，由工部局选派。（庚）江苏省政府指定法院之补助费等项，法院庭长、推事，均由省政府任命。十年以上徒刑交还后一年之内仍否，另以换文申明及死刑，经省政府核准，死刑在租界外官厅执行，亦规定于章程中，此章程施行期限为三年。三年之内，中央政府如别有办法，即行废止。否则续行三年，唯期满六个月前，省政府得通知领事团，提议修正后以换文申明领事团亦有此权。又在此期限之中，中国如撤销领事裁判权，不受此约拘束。章程以八月三十一日签字，公廨于明年一月一日交还。初设特别法庭于上海之议之起也，论者谓中国新式法院向不许外人观审，苟在上海许之，则又生一恶例。故在上海设法院亦不当许其观审，外人苟不弃其观审之权，则当令其在上海县公署起诉，而以交涉公署为上诉机关，又传票、拘票之送致，判决之执行，必不容领事签字，且不当用租界警察。孙传芳所定约，实未暇计及此，迄今亦未有善其后也国民政府颁行新刑律后，许观审之刑事，以新旧比照定之。而鸦片罪案，彼即弃其观审之权，以其太多也。

　　以上为洋泾浜会审公廨之始末，至法租界之会审公廨，则根据条约，必由外交部交涉方可解决也。又会审公廨，汉口及厦门亦有之，汉口之会审公廨权与于光绪二十一年（1895），是年改洋街保甲局为洋务会审公所，初袭保甲局弹压委员成规，专管租界警务，后亦审理华洋案件，驯至纯系华人案件，亦许其会审。徒刑至二年以上，其初羁押，皆在夏口县署。民国元年（1912）始自设拘留所，期长者犹禁湖北省立模范监狱，七八年（1918-1919）间因多狱隘，不能容，遂并押公所之拘留所。为厦门之会审公廨权与于光绪二十八年（1902），鼓浪屿公共地界章程第十二、第十三、第十四三条革命时事权落入外人之手，与上海同。迄今尚未有办法也。

第七章　学校篇

　　书院之设肇于唐五代之间，宋初有所谓四大书院者：曰白鹿，为南唐升元中所建，在庐山白鹿洞。曰石鼓，唐元和间衡州守李宽所建。曰应天，宋真宗时府民曹诚所建。曰岳麓，开宝时潭州守朱洞所建此据《通考》，《玉海》有嵩阳而无石鼓，嵩阳在登封县太室山下，五代时建，宋太宗赐额。朝廷皆赐之额，此外赐额赐田赐书者尚多。纯出人民自立者，尤不可枚举。元制先儒过化之地，名贤经行之所，好事之家出钱粟赡学者，并立为书院，盖亦因乎俗也太宗八年（1236）杨惟中从皇子库春伐宋，收集伊洛诸书送燕京，立宋儒周敦颐祠，建太极书院，延儒士赵复、王粹等讲授其间，此元建书院之始，亦理学行于北方之始也。明太祖因元之旧，洪武元年（1368）立洙泗、尼山二书院，其后各省，亦皆有书院。世宗嘉靖十六年（1537），御史游居敬疏，南京吏部尚书湛若水倡其邪学，广收无赖，私创书院，乞戒谕以正人心。帝慰留若水，而令所司毁其书院。十七年（1538）吏部尚书许瓒复言，抚按司府多建书院，聚生徒，供亿科扰，亟宜撤毁，诏从其言。神宗万历七年（1579）张居正以言官之请，概行京省查革，然亦不能尽撤，后复稍稍建置，其最著者，京师曰首善书院，江南曰东林书院。阉祸起，首毁京师书院，而天下之书院随之矣《野获编》：“嘉靖末年徐华亭以首揆为主盟，一时趋鹜者，人人自托吾道。凡抚台莅镇，必立书院，以鸠集生徒，冀当路见知，其后间有他故，驻节其中，于是三吴间竟呼书院为中丞行台矣。今上初政，江陵公痛恨讲学，立意剪抑，适常州知州施观民以造书院，科敛见纠，遂遍行天下拆毁，其威令之行，峻于世庙。江陵败，而建白者力攻，亦以此为权相大罪之一，请尽行修复，当事者以祖制所无折之，其议不果行。近来理学再盛，争以皋比相高，书院聿兴，不减往日。"《春明梦余录》曰：京师有首善书院，不知者统谓之东林，当日直借东林以害诸君子耳。盖东林无锡书院名也，宋儒杨时建，后废为僧寺。万历中吏部考功郎顾宪成罢归，即其地建龟山祠，同志者为构精舍居焉。乃与行人高攀龙等开讲其中，及攀龙起为总宪，疏发御史崔呈秀之赃，呈秀遂父事魏忠贤，日嗾忠贤曰东林欲杀我父子，既而杨涟、左光斗交章劾珰，珰益信呈秀言不虚也，遂首毁京师书院，而天下之书院随之矣。马贵舆曰："州县之学，有司奉诏旨所建也，故或作或辍，不免具文，乡党之学指书院，贤士大夫留意，斯文者所建也，故前规后随，皆务兴起。"盖官立学校，士多以利禄而来，私家所设之书院则不然，故其效较著。然至讲学之风盛，而依附者，咸为名誉之所归，则来者不复皆潜修之士，重以党祸之激荡，遂至胥天下而有毁学之祸矣。书院所讲学术，率随时尚为转移，自宋迄明，多讲理学。清代考证学盛，书院亦随之。如诂经精舍、学海堂阮元所立、南菁书院黄体芳立、广雅书院张之洞立等是也。《清会典》"直省会城立书院，府州县立义学、社学，选择生徒肄业其中，聘荐绅宿儒学问淹贯者为之师，束脩膏火之费，官为供备，以宏乐育"。然以地方公款所立之书院，各府州县凡多有之，其陋者则亦课八股文为应举之备而已。新教育兴，乃皆改为学校。清学制与明大同，其由府州县学入国学者，亦有岁贡、恩贡，又有优贡、拔贡。优贡提督学政清提督学政于京堂翰詹科道部曹中差，盛京以奉天府尹，台湾琼州以巡道兼于岁科试讫，就教官所报，优生中择优送部考试官增生准作贡生附学，及武生准作监生。拔贡每十二年由国子监疏请行之例以酉年。合岁科两试之优者府学二，县学一，钦命大臣会同督抚盛京奉天府尹复试，送吏部再应廷试，廷试一二等者，引见候旨录用，三等入监，举人惟副榜入监，谓之副贡，俗总称为五贡。除拔贡一二等外，皆当入监肄业。然实无入监者。又有功贡，则诸生从军有功者为之，事不恒有。监生有优监、荫监、例监；荫监又分恩荫、难荫，恩荫京官四品、外官三品以上，武官内外皆二品以上，公侯伯视一品，子视三品，男视四品；难荫无限制。荫生入监三年，难荫六月即得铨选，然实亦不入监也。恩荫铨选视其父之品级，难荫亦然，而其选途尝较优于恩荫。

京师有宗室学左右翼各一，觉罗学左右翼各四，皆属宗人府，以王公一人总其事。宗室学有总副管，觉罗学有副管，皆有清汉书骑射教习，派京堂官稽查课程盛京有宗室学、觉罗学各一，以将军府尹总其事。咸安宫学十六，景山学六，皆以教内府三旗幼丁正黄、镶黄、正白。八旗义学以教八旗子弟，皆以进士、举人、恩拔副贡为汉教习，翻译生员及因公挂误而通知翻译之废员为满教习近支亲王、贝勒、贝子、镇国公得在上书房读书。万善殿汉书学以教幼年内监。

讲新学之学校肇于清末同治元年（1862），江苏巡抚李鸿章始就上海设广方言馆，后移于制造局，就其中设翻译馆，译出西书颇多当时口译者如林乐知、傅兰雅，笔述者如华蘅芳、徐寿，类多学问淹贯之士。六年（1867）总署奏设同文馆于京师，有英、法、俄、德四国语文及天算。光绪二年（1876）沈葆桢设船政学堂于福州，学生分肄英法文。肄英文者习驾驶，肄法文者习制造，是时以为西人之所长者兵事及械器而已。甲午战后，舆论乃一变，戊戌变法，诏废科举，设学校。政变后皆复故。庚子以后，乃复议兴学，初以张百熙为管学大臣，奏定大学堂章程，设大学于京师，旋命与张之洞会定一切学堂章程实多出之洞。以总理学务大臣统理全国学务管学大臣改为京师大学堂监督，后改官制乃设学部。教育始于蒙养院，其上为初等小学堂，五年毕业，又其上为高等小学堂，四年毕业；中学分文、实科，五年毕业，其上为高等学堂，三年毕业；又其上为大学堂，政法、医科四年，余三年毕业。大学堂之上曰通儒院，期限五年。与初等小学并设者，有艺徒学堂；与高等小学并设者，有初等实业学堂；与中学并设者，有初级师范、实业学堂；与高等学堂并设者，有优级师范、高等实业学堂及译学馆毕业年限与初高等小学、中学、高等学堂同，惟译学馆为五年。大学分八科，一经学、二法政、三文、四医、五格致、六农、七工、八商。高等小学毕业，由道府会同考试，送学政复试，最优等作为廪生，优等增生，中等附生。中学由道府考送，督抚学政会同复试，最优等为拔贡，优等为优贡，中等为岁贡。高等学堂毕业者作为举人，咨送学务大臣复试，以内阁中书知州最优等，中书科中书知县优等，部寺司务通判中等补用。大学毕业者，给予进士出身，以翰林院编修检讨最优等、庶吉士优等、分部主事中等用下等为同进士出身，留堂补习一年。其余学堂亦皆有奖励。犹未脱旧时学校贡举之制也。民国肇建，改学堂之名皆曰学校，去奖励之法，初等小学四年，定为义务教育；高等小学三年，与并设者曰乙种实业学校；中学四年，与并设者为师范学校四年，预科一年及甲种实业学校分农工商，三年。其上为专门学校，三或四年。高等师范学校三年，预科一年，大学三年或四年。废清之高等学堂，而设大学预科，亦三年。民国六年（1917）改为预科二年，本科一律四年。废通儒院，大学毕业后从事研究者无年限。民国十年（1921），全国教育联合会开第七次会于广东，议改革学制。明年又开会于济南，教育部因之召开学制会议，改初等教育为六年，得分四年、二年两级，仍以四年为义务教育，视地方情形得延长之，又得展小学之期为七年，中学六年，分前后期或前四年后二年，或前二年后四年，或皆三年。高级中学普通科外，得设农工商师范家事等科。乙种实业学校改为职业学校收高等小学毕业生。甲种实业学校或改职业学校，或改高级中学农工商科。师范学校前后期各三年，亦得但设后期，收初级中学毕业生。大学设数科或一科皆可，设一科者曰某科。大学毕业期限四年至六年。法、医二科最少五年。高等师范收初级中学毕业生，四年毕业，若收高级中学毕业生，而毕业期限仍为四年者，则称师范大学。专门学校毕业期限三年或四年医科必须四年，亦收初级中学毕业生，若改收高级中学毕业生，亦得改称某科大学，此自清末至民国北京政府学制之大略也。

游学亦始清末同治末年，曾国藩奏请派遣幼年学生赴美，由香山容闳率之往，别设正副监督以监护之。光绪七年（1881）裁撤，以学生多暱美女子信基督教也。甲午后各省派遣及自费留学外国者乃骤增，其时往日本者最多时留学生亦有奖励，考取者分别给以举人进士出身，后亦冠以所学科名称，某科举人，某科进士。光绪三十一年（1905）美国退还庚子赔款，明年设游美学生预备学校于清华园，自是以后游美学生，乃日增月盛焉。

第五篇 日俄战争

第一章　东北形势总论

甚矣哉，近世西力东渐之局之可畏也。虽以亚洲东北，素与世界风云隔绝之地，而亦遂无一片干净土也。

所谓亚洲东北之地者何也？曰：我国之关东三省，及割界俄国之阿穆尔、东海滨两省，及朝鲜、日本是也。此一区域也：其在大陆，则西以内兴安岭与蒙古为界，西北以雅布诺威、斯塔诺威与西伯利亚为界，与沙碛不毛及穷朔苦寒之地，截然划分。然其地气候，亦颇偏于寒；又山岭崎岖，交通不便；其附近文明繁盛之乡，厥惟中国内地；而自此区入中国内地，惟山海关一道，自昔通行；其自黑、吉经蒙古东部入内地之道，虽平坦，然为游牧种人所荐居，由之者不多也。《魏书·勿吉传》：使者乙力支，溯难河西上；至太沵河，南出陆行；度洛孤水，从契丹西界达和龙，即此道也。难河，今松花江、洮儿河间之嫩江。太沵河，即洮儿河。洛孤水，今老哈河。和龙，今朝阳也。职是故，此区之人，遂不获多与中原之文化相接触；而我国对此区域，亦有鞭长莫及之势焉。此区域之近海者，有三大半岛及五大岛，然堪察加及库页，北土，亦偏于北。朝鲜，日本，虽因海道之往来，与我接触较易，然在远洋交通未发达之世，航行大海，究与航行河川及沿岸不同。故其与我之关系虽较多，究亦不能十分亲密也。

明思宗崇祯十六年（1643），俄人始逾外兴安岭而南，自黑龙江入海。旋筑雅克萨顺治七年（1650）及尼布楚顺治十年（1653），屡侵满洲。清圣祖既定三藩，举兵征之。是时俄人在东方之势力，尚极微薄，乃介荷兰与我议和，圣祖许之，于是有康熙二十八年（1689）尼布楚之约。举外兴安岭以南之地，悉归之我俄人之据雅克萨也，复于其河口筑阿勒巴金城。遂顺流东进，过松花江口，至乌苏里江口，建哈巴罗甫喀。乌苏里江口之部落，有乞援于宁古塔者，宁古塔都统，以兵至黑龙江岸，攻俄塞，为俄将喀巴罗所败。喀巴罗恐清兵再至，乃弃哈巴罗甫喀，而筑布拉郭威什臣斯克，使斯特巴诺守之。顺治十五年（1658），宁古塔都统沙尔瑚达与战于松花江、呼尔哈河之间，斯特巴诺败死，残众走尼布楚及雅库次克。波兰人智尔尼哥斯克者，以罪窜西伯利亚。康熙四年（1665），募兵，复占阿勒巴金。二十四年（1685），圣祖乃命都统彭春，以水军5000，陆军1万攻克之。毁其城。俄将图尔伯青复据其地。明年，瑷珲将军萨布素，以兵8000围之。垂克，而俄帝大彼得介荷兰与中国议和。请先释雅克萨之围，圣祖许之，兵乃解，此清俄战事之大略也。然俄人侵略之心，未尝以此而遂已也。迨尼古拉一世立，多放犯罪贵族于西伯利亚，而恢复黑龙江之议遂盛尼古拉一世，立于道光五年（1825）。尼布楚条约之成，俄人以为出于迫胁。因我国是时，盛陈兵卫，以为使臣之援助也。道光二十七年（1847），尼古拉一世以穆拉维约夫为东部西伯利亚总督。穆拉维约夫，以为开发西伯利亚，必借黑龙江。命一中将航行，始知库页之为岛。俄人前此，误以库页为半岛，则欲入黑龙江，必航鄂霍次克海；而鄂霍次克海冰期甚长，颇觉不便；至是则有鞑靼海峡可航，黑龙江之价值大增。侵略之心益亟。始筑尼科来伊佛斯克，占德喀斯勒湾。遂南下据库页岛。咸丰四年（1854），英、法助土，与俄开战。穆拉维约夫借口防英、法，多自黑龙江运兵械。中国不能阻。明年，尼古拉一世卒，亚历山大二世立。畀穆拉维约夫以与我划界全权。会我广东人民与英龃龉，烧英、法商馆。英兵陷广州。旋与法俱遣使北上。俄、美二国，亦遣使与偕。至上海，致书中国政府，求改订商约。中政府以英、法、美事委两广总督，以俄事委黑龙江将军。穆拉维约夫乘机，属俄使布恬廷，停止交涉。而自与黑龙江将军奕山相会。乘我内忧外患之交迫，以开战相恐吓。遂于咸丰八年（1858），定条约于瑷珲。割黑龙江以北，而以乌苏里江以东，为两国共管之地。十年（1860），复以英、法联军入京之故，俄使伊格那提也夫，周旋于恭亲王及英、法二使之间。事平，自以为功。复定约于北京，尽割乌苏里江以东。而俄人自明以来，侵略黑龙江之志遂矣。

黑龙江以北广大之土地割矣！海参崴建为军港矣！是俄人之东略，不徒奄有西伯利亚广大之平原，且可控制鄂霍次克海及日本海，以南下太平洋也。亚洲之东北，其将遂为白人之世界乎？未也。西力之东渐，本海厚而陆薄；新机之启发，亦岛国易而大陆难。故俄定北京条约，未及十年，而日本明治天皇立同治七年（1868），维新之治成焉。维新之治既成，则必求扩充其势力于外。日本而求扩充势力于外，则朝鲜其首冲，而东三省其次冲也。于是日本与朝鲜之交涉起，浸至酿成中日之战，而日俄之交涉起焉。

西人之至朝鲜，亦在明末。朝鲜人恶其教，而颇喜其学汤若望为中国所定历法，朝鲜亦行之。哲宗时，见英、法军陷我京城，俄人割我黑龙江以北之地，乃大惧，而闭关之志始坚。日本自丰臣秀吉之亡，久与朝鲜通好。朝鲜既主闭关，见日本与西人往来，畏而恶之，遂绝。明治既维新，使对马守宗重正往修好日本将军执政时，与朝鲜交涉，本委对马守宗氏。朝鲜以其国书自称皇帝，拒之。自是屡遣使往，皆不得志时朝鲜大院君以日本与西人交通，目为禽兽，定法：与日人交接者死。日本西乡隆盛等因唱征韩之论。辛以国力未充，不果。而隆盛一派由此怨望，遂酿成西南之乱。而俄舰又至元山津求通商。是时执朝鲜国政者，则李太皇之父大院君是应也。素主排外，而力不能拒。或谓"俄近法远，不如联法以拒俄"。大院君韪之。使至中国，招向所逐法教士还。已复中变，杀之。朝鲜自纯祖以降三世，政权皆操于外戚金氏之手。及哲宗崩，宪宗之母赵氏，乃定策立李太皇，而使大院君协赞大政朝鲜第二十二代主曰正祖。正祖殂，子纯祖立。年幼，太后金氏临朝。纯祖长而多疾。末年，子旲摄国政。纯祖殂，旲前卒。旲子宪宗立。金后仍临朝。宪宗无子，金后定策。立哲宗。哲宗亦无子。旲妃赵氏，欲立李太皇。朝鲜称国王之父曰大院君。金氏谓朝鲜有国以来，大院君无生存者。今昰应犹在，不可。旲妃不听，卒立之。而畀昰应以协赞大政之名。盖以夺金氏权也。大院君性刚愎。既执朝权，专恣自用。赵氏又恶之。李太皇性愚懦，而其妃闵氏，通书史，明治理，亦欲揽政权。其兄升镐等，亦相与挤大院君。大院君孤立。乃于同治十二年（1873）辞职。于是闵妃代执政权，稍变闭关之策。李鸿章者，以联甲制乙为外交长策者也。知闭关之终不可久，亦诏书朝鲜太师李裕元，劝其与各国结约，俾互相牵制。于是光绪元年（1875），日本军舰过江华岛，守兵炮击之。日人使问罪，朝鲜乃与日本立约通好。美、德、英、俄、意、法、奥继之，而朝鲜与世界相见之局成矣。初大院君之杀法教士也，法人以诘我。我以"向不干预朝鲜内政"答之。后美商航大同江，船人为朝鲜所杀。美人亦以诘我。我答之如答法。日本闻之，乃于同治十一年（1872），使副岛种臣来聘。且问："贵国总署告美使之言确乎？"我应之曰："然。"及是，与朝鲜订约，遂申明："朝鲜为独立自主之邦。与日本往来，礼皆平等。"始不以朝鲜为我藩属矣。朝鲜既与各国立约，新进之士，颇有欲效日本变法自强者。乃聘日人以练兵。光绪九年（1883），被裁之兵作乱，奉大院君为主，袭日本使馆，杀所聘中将崛本礼造。闵妃走忠州，密使求救于我。李鸿章使北洋水师提督丁汝昌、广东水师提督吴长庆代平其乱。长庆遂留驻朝鲜。又派袁世凯总理朝鲜通商、交涉事宜。于是闵妃及在朝诸臣颇倚我。新进之士恶之。遂有所谓独立党者，欲倚日本。十年（1884），独立党作乱。日本公使竹添进一郎，称奉朝鲜王命，以兵入卫王宫。闵妃走吴长庆军，王从之，长庆平其乱。日公使焚使馆走仁川，谓我兵炮击其使馆。明年，使伊藤博文来，与李鸿章定约天津。约"两国皆撤兵。嗣后如欲派兵，必彼此相照会"。中日在朝鲜，始立于平等地位矣。迨二十年（1894），朝鲜有东学党之乱，乞援于我。我国派兵往援。未至，乱已平。日本亦派兵往。我要日俱撤兵。日人不可，而要我共改革朝鲜内政，我国亦不许，遂至开战。我师败绩，偿款二万万，割辽东、台湾、澎湖以和。俄人合德、法两国，起而干涉。而日俄之冲突于是始。

第二章　日俄开战之原因

俄罗斯，以侵略为国是者也。当彼得大帝时，即筑圣彼得堡于波罗的海之滨。遗言又欲以君士坦丁为都，以出黑海及地中海。扼于英法，志不得逞。乃略中亚细亚，欲自印度出海，又为英人所拒。而其东方侵略，则渐告成功。光绪十七年（1891），俄皇亚历山大决筑西伯利亚铁路，命其太子尼古拉二世，行兴工之礼于海参崴。明年，西方亦同时兴工。而东亚之风云变色矣。而日本于是时，亦力图扩张向外。两国之势力，遂相遇于满洲及朝鲜。

抑日俄之交涉，不自满洲、朝鲜始也。前此因库页及千岛，固已争执累年矣当18世纪末、19世纪初，即我国乾隆末年、嘉庆初年，俄人即已进至千岛，迨黑龙江以北之地割，而俄人之至库页者亦日多。与侨居其地之日人，时有冲突，日人屡请划界，俄迄不应。迨光绪元年（1875），乃定议：以千岛归日，库页归俄。然是时，日本国力未盛，未能与俄争；而库页、千岛，究为荒寒之岛屿，其关系尚不甚大也。至满洲、朝鲜，则异是。夫日本既欲扩张其势力于国外，则宇内之情势，已不容闭关独立可知。闭关独立之世，可恃四面皆海以自固；瀛海大通之日，则不然矣。设使有国，雄据满洲、朝鲜，以肆其侵略，其势，殆终非日本所能御。而日本人口岁有增殖；本国土地有限，而海外之地可容其移殖者，满洲、朝鲜而外，亦更无他处。此日人所以视满洲、朝鲜之所属，为其国之存亡问题也。至于俄国，既一举而割中国万里之地，似亦可以少安。然俄人之所汲汲者，欲出海也。海参崴固为良港，然自此入太平洋、鞑靼、宗谷、津轻、对马四海峡，必经其一。鞑靼水道，狭而且浅，仅容吃水12英尺之汽船。宗谷夏多雾，冬多风雪。津轻全在日手。对马亦为日所扼。且海参崴冰期长，水又浅。前无屏蔽，易为敌所袭。实非十分良港。故俄人欲逞志于太平洋，不能以得海参崴及东海滨省为已足。然则满洲、朝鲜，绝非其所能忘怀；而日人乃一战而并攘之，此俄人之所以痛心疾首，而不能已于干涉者也。

李鸿章者，以联甲制乙为外交长策者也。当中日交涉起时，已与俄使喀希尼，有所商洽。于是驻日俄使，往访日本外务大臣陆奥宗光，问"中国撤兵。日本亦撤兵否？"日人答以"中国允许日本要求，或日本独任改革朝鲜内政，中国不妨害；则中撤兵，日亦撤兵"。俄使遂致书日外务省，称"朝鲜通告各国公使，称内乱已平，要求各国援助，促中、日两国撤兵。俄国特向日本劝告。如中国撤兵而日不撤，则日当独负其责"云。日人答以"非不撤兵，但时机未至"。又申明"决无侵占朝鲜土地之意，乱事平静兵即撤"。俄使覆牒，言"日本申明不占朝鲜土地，乱定即撤兵，俄国甚满足"。旋又照会日本谓"日本对朝鲜要求，苟违反朝鲜与列国所订条约，俄国决不承认"。俄人于是时，盖已有跃跃欲试之势矣。然日本政策已定，不为动。

迨中日已开战，俄人无复置喙之地，乃暂沉默以待时。及光绪二十二年（1896），马关条约之定三月二十日，即1896年4月14日，李鸿章先将条款电告各国公使。俄人乃于三月十五日阳历4月9日开海陆军大会，问，"俄能防日陷北京否？"佥言"陆军不能制日。若合俄、法在东洋之舰队，则足以制日于海上而有余"。法者，俄之同盟也。而德人于是时，亦欲伸长其势力于东方，且借此与俄联络。遂有三国联名，劝日本还辽之举。

三国以三月三十日阳历4月24日，由驻日使臣，访日本外务省言"辽东半岛割，则中国之国都危；朝鲜独立，亦有名无实。实于远东和平有碍。三国以友谊劝告日本勿割辽东"云云。日本闻之，大震。时日本陆军精锐，尽在辽东。海军主力，萃于台湾。微论击敌，即防守沿海，亦虞不足。而俄人于其间，下令太平洋舰队，各归本港。又调陆军聚集海参崴。时日皇在广岛。首相伊藤博文等，乃就行在开会议。筹商或许或拒，或付列国会议。众意取第三策。外相陆奥宗光，方养疴舞子，伊藤夜走告之。陆奥大反对，谓"交列国会议，俄法德外，他国能到与否不可知。即能到矣，而列国各顾其私，所议者必不能以辽东问题为限。夜长梦多，全约将悉生变动矣"。于是日政府电其驻英美俄公使，以"中日和议，本由美介绍，望美始终其事，劝俄不必干涉"；"求英援助，愿给报酬"，而以"俄日国交，素称辑睦，求俄再行考虑"。英法皆不许相助。俄且亟亟备兵。日人乃于四月七日阳历5月1日，电驻俄公使，照会俄国政府："愿弃辽东半岛，而求割一金州。"俄人不许。日本不得已，于十三日阳历5月7日，电驻三国使臣径许之。日本是时，以处心积虑之大欲，劳师费财而得之，无端为人劫去；且备受胁迫，大失国家之体面。其深怒积怨于俄，宜也。

日本之势力既退，俄人之势力遂进。一方以还辽之举，索我报酬。一方以助我拒日，甘言为饵李鸿章使俄时，寄总署密电云："俄户部微德（Witte）来谈东三省接路。缘自尼布楚至□□道纡，不若由赤塔过宁古塔之捷而省费，且可借纾倭患。中国自办，十年无成。鸿章谓代荐公司，实俄代办，于华权利有碍，各国必效尤。彼谓若不允，自办又无期，俄拟筑至尼布楚，以俟机会。但俄从此不能再助中国矣。"又一电云："向例递书后不再见。今俄皇借回宫验收礼物为名，未正接见。引至便殿，赐坐畅谈。谓俄国地广人稀，断不侵占人尺寸土地。中俄交情，近加亲密。东省接路，实为将来调兵捷速；中国有事，亦便帮助，非仅利俄。将来倭英难保不再生事，俄可出力援助等语，较微德前议和厚。"又一电云："昨罗拔邀赴外部晚饭，与微德会议。该君臣皆以东省接路为急。微谓三年必成。至俄皇所称援助，罗谓尚未奉谕，容请示后再行面商。大意以若请派兵，须代办粮饷。华有事俄助，俄有事华助。总要东路接成乃便云云。"又一电云："顷罗拔奉俄主命，拟具密约稿，面交转奏，其文云云。"又一电云："俄今愿结好于我，约文无甚悖谬，若回绝，必至失欢，有碍大局。"皆俄人以甘言相饵，又以危词相胁之铁证也。是岁四月十四日阳历5月7日，为尼古拉二世加冕之期。我国派王之春往贺光绪二十年（1894），俄前皇之卒，我国派之春为吊贺使，是时故再派之。俄使喀希尼乃扬言曰："皇帝加冕，俄之大典也。之春资轻，殊不足当此任。能当此任者，其惟李中堂乎？"于是中国改派李鸿章为贺使。畀以全权，协议一切。遂成所谓中俄密约者。此约世间所传，凡有两本：其一为上海《字林西报》所译登。广学会所纂中东战纪本末续编，又从而译载之。约中所载，中国断送于俄之权利，可谓广大已极。然由后来观之，此本不足信。又其一则后来上海中外日报，探得李鸿章与总署往来密电六通。其中第五电，载有罗拔奉俄主命所拟约稿。所谓密约，即照此签字广智书局《近世中国秘史记》第一次中俄密约一篇，并载两次约稿，今参照前清总理衙门旧档案录其正文如下：

第一款，日本国如侵占俄国亚洲东方土地，或中国土地，或朝鲜土地，即牵碍此约应立即照约办理。如有此事，两国约明应将所有水陆各军，届时所能调遣者，尽行派去，互相援助。至军火粮食，亦尽力互相接济。

第二款，中俄两国既经协力御敌，并由两国公商，一国不能独自与敌议立和约。

第三款，当开战时，如遇紧要之事，中国所有口岸，均准俄国兵船驶入。如有所需，地方官应尽力帮助。

第四款，今俄国为将来转运俄兵御敌，并接济军火粮食以期妥速起见，中国国家允于中国黑龙江、吉林地方，接造铁路，以达海参崴。惟此项接造铁路之事，不得借端侵占中国土地，亦不有碍大清国大皇帝应有权利。其事可由中国国家交华俄银行承办经理。至合同条款，由中国驻俄使臣与银行就近商订。

第五款，俄国于第一款御敌时，可用第四款所开之铁路运兵运粮运军械。平常无事，俄国亦可在此铁路运过境之兵粮。除因转运暂停外，不得借他故停留。

第六款，此约由第四款合同批准举行之日算起照办，以十五年为限。届期六个月以前，由两国再行商办展限。

光绪二十二年四月二十二日

俄历1896年5月22日订于莫斯科

专条

两国全权大臣议定本日中俄两国所订之约，应备汉法文约本两份。

画押盖印为凭。所有汉文法文校对无讹。遇有讲论，以法文为证。

第一、第二款，乃中俄两国订结攻守同盟。夫以我兵力之弱，俄人果何利而与我结此同盟？亦何爱于我，而与我结此同盟哉？则其意不在第一、二款，乃在第三、四款，而第四款，尤其主要也。

中俄密约系在俄京签字。俄方代表为其外交大臣罗拔Prince Robanor-Rostovski及财政大臣微德Count Sergins Witte；中国代表则为李鸿章。驻华俄使喀希尼并未参与会议，外人称此约为《喀希尼条约》Cassinipact，误也。微德之笔记近已正式发表，对于结缔此项密约之会议情形，记载甚详，兹节述其一二要点于下。

方李鸿章之奉命西行也，俄人虑其先至西欧，为他国外交家所操纵，故派乌克东斯奇亲王Prince Ukhtomski迎候于苏伊士运河左近。俟李一到，即迎入俄政府所备之专船露雪芽The Rossiya号，直航俄特沙Odessa。西欧各国邀请绕道参观之电，虽纷如雪片飞来，而李鸿章卒为俄人所包围，未能先赴他国。既至俄境，俄人以极隆重之仪节款待之，并派大队兵士为之扈从，迎之径入俄京。俄皇以外交大臣罗拔不谙华事，故令微德当交涉之冲，因其方经营西伯利亚铁路，对于远东问题极有研究故也。经数星期之折冲，乃得口头之约定，然后报告外交大臣，随即拟就草约。约中有三要点：

（一）中国允许俄国在华境内造一铁路，由赤塔达海参崴呈一直线，不再迂回绕道。但此铁路必须由私人所组之公司承造，不能任俄国国家出而经营。

（二）为便于铁路之建筑及经营起见，中国准俄人使用铁路两旁之地若干里。在此境内，俄人得设护路警察，行使充分职权。

（三）中俄两国领土，若受日本之攻击时，有互相出兵援助之义务。

李鸿章对于在华境建筑铁路之议，初甚反对。微德乃奏请俄皇邀李入宫面谈，即李致总署密电所谓"引至便殿，赐坐畅谈"也。其结果，李容许俄人在华境建筑铁路之议；但坚决反对该铁路由俄国财政部管理。故改由私人所组织之公司出面承造。其实此公司完全受俄政府之管辖与指挥，不过假用私人名义而已。

更有一事，吾人应加注意，即攻守同盟所包括之范围是也。当草约起稿时，本言明专防日本。不料外交部将约稿转奏俄皇核准，送还微德时，已将日本二字删去，变成无限制之攻守同盟。微德以为专对日本则俄国之责任有限。倘无论何国侵犯中国领土，俄国皆须出兵援华，则不但势有所不能且甚危险。然外交大臣资深望重，其所主张，微德不便面争。乃密奏俄皇，请其自行做主。其后俄皇告微德业与外交大臣谈过，已照第一次原稿修正矣，故微德不再提及此事。正式签字之日，双方全权按时出席，典礼非常隆重。外交大臣以正约一份，交李鸿章，声言约中文字业经校核无误，本可立即签字，但为慎重起见，请再细阅一次。同时以另一份交与微德署名。微德正待提笔作书，忽然发现攻守同盟一款，仍系泛指各国，并非专对日本，不觉大惊。乃暗促外交大臣离席，至无人处，问其何以未照俄皇之意修改。外交大臣方始忆及俄皇之言，搔首自语曰："天乎，奈何竟忘却令秘书修正此条耶！"然而不动声色，回至席间，出录示人曰："已过午矣，我等可先进膳，再行签字不迟。"遂邀众人至别室午餐，但留书记二人立即另缮约稿，将攻守同盟一款修正，限于专对日本。及餐毕重入会议室时，旧稿业已换去矣。双方乃就新缮之约签字，李鸿章并未发觉约稿之更换也参看MacNair: Modern Chinese History Selected Readings, pp.550–560。

照微德笔记所述，俄人当时之目的在以铁路政策侵略我土地，非有所爱于我，而欲出兵助我，故结此攻守同盟也。外交界之机变险诈，亦殊可畏。

查俄国西伯利亚铁道，本拟经黑龙江之北，沿乌苏里以达海参崴。路线既长，所经又多不毛之地。唯独侵略东三省，不如直贯黑、吉之便；即以养路论，其原路线，亦远不如后来所定之中东路线也。故中俄密约，实赍寇兵，资盗粮，举三省而置之俄人势力之下者也。是年（1896）七月，驻俄公使许景澄，与俄政府订立华俄道胜银行契约。复与该银行订立中国东三省铁路公司条约，以筑路之事委之。俄政府又颁华俄银行条例。举凡收税、铸币、募债、经营实业之权，悉以委之。而东三省几非我有矣。明年，复有德占胶州湾之举。俄人亦发舰入旅顺。迫我订租借25年之约。东省铁路，更筑一支线以联络之。俄人乃以其地为关东省，置总督。以中将亚历塞夫Admiral Alexiev任之，并兼太平洋舰队总司令官。以旅顺为治所。亚历塞夫者，俄人迫日本还辽时，太平洋舰队之司令官也。其为人有才气，好进取，主侵略尤亟云。俄人在满洲之势力，至是如日之中天矣。

中日战后，中国在朝鲜之势力，荡焉以尽。日本宜可视朝鲜为囊中物，乃不转瞬。而日人在朝鲜之势力，转不敌俄。螳螂捕蝉，黄雀又随其后。众生之相龁相杀，岂不悲哉？当中日开战时，日本即与朝鲜结攻守同盟。朝鲜自是称独立国，改号曰韩。然实多受日干涉。日本乃以井上馨为驻朝鲜公使。贷朝鲜以300万元，以充改革之费。井上气矜之隆，颇为朝鲜所不喜，即各国公使，亦颇恶之。而俄使威拔，机警善操纵，熟于韩国内情韩俄之接界，自俄割我乌苏里江以东之地始。其立约，在光绪十年（1884）。威拔于是时，即任驻韩公使，并兼总领事。故威拔旅韩最久。其夫人，又善闵妃。其势力隐植于宫掖之间。时日人起大院君摄政。韩人之排日者，皆奉闵妃，倚俄国，以反对之。光绪二十一年（1895）八月，大院君入觐，以日人所训练之兵自随。日本公使三浦梧楼，又以使馆卫队继之。闵妃遇弑。各国舆论大哗。日本乃召还公使及馆员，锢之广岛，而不究其事。此即所谓广岛疑狱者也。明年，排日派起兵春川。汉城之兵攻之。俄水师由仁川入汉城。韩皇走俄使馆，一年乃归。日本无如何，于其间，与俄人订立协商日本驻韩公使小村寿太郎，与威拔所订立。"俄许于无事时劝韩皇还宫。日许查办'侠客'。俄许日于釜山、京城间，置兵百人，以保护电线。如遇朝鲜人攻击，可在京城置二中队，元山一中队，以资保护。俄人置兵，不得超过日本所置兵数。俟无虞攻击时，两国各撤去之。"尼古拉加冕时，日派山县有朋为贺使，又与俄政府立一议定书，订明"朝鲜欲募外债，两国政府当合力援助。军队及警察，两国皆不干涉。日本于所占电线，得继续管理。俄国亦得架设自韩京至俄国境之电线"。于是日俄对韩，权力殆相平等矣。约既立，日人设渡韩限制法，以严治其所谓"侠客"者。而俄人遽嗾韩人，辞退所聘日本士官，并废其所立军制，而以俄官代之。又欲迫韩人聘俄人为财政顾问，以英人反对乃已。日本于是时，则惟吞声忍气而已。盖中日之役，日为战胜国；而俄人联合德法，迫日还辽，实为战胜"战胜国"之国；其声势既已不敌，而韩人又排日而亲俄，日人固无如何也。迨光绪二十四年（1898），俄人以方尽力经营满洲，于朝鲜之事，一时力有未及，乃由其驻日公使罗善，与日人缔结第二协商，"两国相约，确认韩国之主权及其完全独立；不干涉其内政。军事教练及财政顾问，非先商妥，不擅处置。俄国不因日本在韩商工业之发达，及其居留臣民之渐多，而于日韩间之工商业有所妨碍。"盖认日在韩之工商业，而于政治则两国仍立于平等之地位也。在韩之商工业，俄人或不能与日争，但使政治、军事，其力足与日侔，则俄在满洲之形势既强，废弃此约，如土苴耳。故此协商，俄人虽似较前退让，而实则无所退让也。

日俄两国之战祸，至此可谓已不能免，特俟机而发耳。

第三章　日俄战前之交涉

日俄之战，既有一触即发之势；而当是时，复有为之作导线者，则我国庚子之乱是也。是岁光绪二十六年（1900），我国既与各国宣战。东南督抚联合以拒伪命。而东三省将军，皆出兵向俄人攻击。俄人乃命阿穆尔区之兵，攻吉林以北；其所谓关东省之兵，攻铁岭以南。阿穆尔区之兵，分为四道：第一道陷瑷珲。第二道之兵与之合，同陷墨尔根、齐齐哈尔。第三道之兵，陷哈尔滨、三姓。第四道之兵，陷珲春、宁古塔。四道兵会于呼兰，进陷吉林。其所谓关东省之兵，又分为二：一西北陷锦州。一北陷牛庄、辽阳，遂陷奉天。进陷铁岭。又西陷新民，东陷安东。挟奉天将军增祺，以号令三省。于是东三省全落于俄人掌握之中。

先是俄人既筑东省铁路，又由比公司出面，攫得京汉铁路之建筑权。山西商务局又借道胜银行款，以筑正太铁路。于是俄人之势力，弥漫北方。英人乃要求承造津镇后来改为津浦、九广、浦信、苏杭甬，及自河南至山西五路，以为抵制。俄人要求承造山海关以北铁路，英人又使汇丰银行与中国政府订立关外铁路契约以抵制之。于是英俄两国，鉴于形势之恶，乃于光绪二十五年（1899）三月，在圣彼得堡换文。英认长城以北铁路归俄。俄认长江流域铁路归英。同时英德银团在伦敦商定，英认黄河流域，除山西及由山西至河南之铁路，可与京汉线相接；并得更筑一线，接至长江流域外，皆为德人势力范围。德认山西及长江流域，为英人势力范围。而将津浦铁路瓜分。于是美国务卿海约翰，有开放中国门户，而保全其领土之宣言。于是岁七月二十八日阳历9月2日通牒俄、日、英、法、德、意，要求"在中国有势力范围之国，承认三条件：（一）各国在中国所获利益范围、租借地域，及别项既得权利，彼此不相干涉。（二）各国势力范围内之各港，对他国商品，遵照中国现行海关税率收税。（三）各国势力范围内各港，对他国船舶所收入港税，不得较其本国为高。其铁路对他国所收运费亦然"。盖中国税率，系属协定；各国条约，又皆有最惠国条款；无论不重，即重亦系各国一律。若有势力范围之国，于其势力范围之内，而破坏此办法，则其势力范围以内之地，即为其所独占，他国不能与争。通牒（二）（三）两条，即系防止此等手段。此即所谓门户开放非防我自闭关，乃防他人代我关闭门户也。而各国所以能主张此等权利，乃系根据其与中国所订条约而来。设使中国领土而有变更，条约即归消灭，一切无从说起矣。此开放门户，所以必合保全领土而后完也。此等办法，原不过攘夺中国权利之国，立一互相妥协之约；于中国今日，所谓"废除不平等条约"、"解脱帝国主义之束缚"者，了不相干。然使此说而果能实行，则固可暂止各国在中国之争攘，俾中国得免瓜分之渗，而徐图自强。于远东之和平，世界之和平，皆未必无益。乃俄人又首谋破坏之。当美国通牒之发出也，六国无辞以拒，悉复牒承认。及庚子之变，俄人独据东三省，虽向各国宣言："意在保护铁路。俟事平即行撤兵。"而其后遂久据不撤。于是东三省遂有为俄人独占之势，均势寖以破坏矣。当是时也，英人方有事南非，独力不能制俄。乃与德人订立协约，申明开放门户，保全领土之旨。通知俄、日、美、法、意、奥六国。五国皆复牒承认，惟俄主张"该协约之效力，仅及于英、德势力范围，而东三省不在其内"。其独占之心，昭然若揭矣。德人在东方，关系较浅，遂承认俄之主张。英人则宣言否认。日本亦赞成英议。俄卒不悛。和议既开，犹坚持东三省事由中俄两国另议。又借口两宫未回銮，无从交涉，迁延时日，而实促中国订立密约。此光绪二十六七年间（1900—1901）事也和议之开，在光绪二十六年（1900）十一月初二日，成于二十七年（1901）七月二十五日。当开议时，即有俄人胁增祺订立密约之说，其后又有俄政府与我驻使杨儒订立密约之说。日、英、德、奥、意、美诸国，皆向中国政府警告。中国为所摄，俄人亦为所牵制，乃未成。英人既鉴于德之不足恃，思在极东，更求与国；而日人亦怵于独力不足御俄，乃于光绪二十八年正月四日（1902年1月30日），在伦敦成立同盟。约中申明"承认中韩两国之独立。英对中日，对中韩之利益，因他国侵略而受损害时，各得执行必要之手段。因此与一国开战，同盟国须严守中立。若所战之国，有一国或数国加入，同盟国即当出兵援助"。约既成，英国舆论，颇有排击其政府者，而日本则举国欢欣。盖英在远东利害关系虽切，究不如日人有生死存亡之关系也。于是日本一方，声势骤壮。俄人乃于二月三日阳历3月12日，向各国发表"俄、法两国在极东利益受侵犯时，两国政府得取防卫手段"。盖将俄法同盟之效力，扩充至远东方面，以抗英日同盟也。日俄战争以前，外交之形势如此。

俄人并吞东三省之志，既为各国所非难。乃于是岁三月一日阳历3月26日，与中国订立撤兵之约。以六个月为一期。第一期撤盛京以西南之兵。第二期尽撤奉天省内及吉林全省之兵。第三期撤黑龙江省之兵。第一期于是岁九月十五日期满阳历10月16日，俄人先期半月，即将应撤之兵，尽行撤退。第二期到期，为光绪二十九年三月十五日（1903年4月19日）。俄人非徒不撤，反向我提出要求：（一）东三省之地，不得割让或租借与他国。（二）俄撤兵之地，不得开作商埠。（三）东三省军事、政治，不得聘用他国人。（四）（五）牛庄公务，任用俄人。税关归道胜银行经理。（六）东三省卫生事务，聘用俄人。（七）俄得使用东三省电线。日、英、美皆向中国政府警告。俄人乃将要求撤回。迨五月间，又易他项条件提出。盖俄人是时已决与日本开战，故为此以挑衅也。

中日战后，俄人之势力弥漫于朝鲜，已如前述。日本之安全，固与朝鲜有关系；而朝鲜之安全又与满洲关系极密。自有史以来，满洲之形势而强，朝鲜未有能保其独立者汉武之能开朝鲜为四郡，以是时辽东之形势强也。前汉末年，辽东渐弱，而句丽、百济遂鸱张。自后汉末至晋初，公孙度、毋丘俭、慕容廆，相继雄张辽东。句丽屡为所破，几至灭亡。慕容氏衰而辽东弱。句丽乘胜并其地。是时句丽甚强大，对北魏已不恭顺。隋、唐时更桀骜。隋炀帝、唐太宗发大兵攻之，而皆不克。虽曰中国之用兵有失策，亦以辽东既失，运兵转饷皆须跋涉千里，有鞭长莫及之势也。其后句丽、百济皆内乱，高宗乃乘机，自山东发兵灭之。此乃彼之自亡，非用兵恒轨。自武后以后，中国不复能经营辽东，而满族迭兴。渤海盛时，以丽、济旧地荒弃，未与新罗直接。金清兴而半岛遂为之臣属。元时，属于其地置行省，干涉其内政，受祸尤酷。其初，亦因征讨辽东之叛人而起也。况乎近世，侵略之策略，用兵之规模，益非古昔比邪。呜呼！日本户水宽人之论也，其言曰："以日本人口之增加，势不能不图殖民于外。而欲图殖民于外，则世界沃土，悉已为白人所占据。能容日人移殖者，满洲、朝鲜而外，惟有南美。然亦不能多。何则？移民苟多，则将与土人冲突，而为美国之门罗主义所干涉也。故能容日人移殖者，实惟有满洲、朝鲜。然朝鲜全国，亦不过能容数百万人而止。移民者百年之大计，规模岂容如此狭隘。故为日本生存计，满洲决不容放弃也。况俄苟据满洲，必不能忘情于朝鲜，即谓俄能忘情，亦必日弃朝鲜而后可。否则日据朝鲜，自俄人视之，如日厉利刃于其所据之满洲之侧；而又横亘于旅顺及海参崴之间，以阻其海上之联络；未有能自安者也。况乎朝鲜夙媚俄，将助俄以排日邪？"户水此论，盖为当时主张"满韩交换论"者发也。满韩交换，诚为日本之失策。然以日本是时，与俄国开战，究属险事。故其国民虽竭力主战当俄国第二撤兵期届而延不撤兵时，日人即主张开战。户水宽人、富井政章、金井延、高桥作卫、小野塚启、原次寺尾亨、中村进午七博士，共见内阁总理桂太郎，力言满韩交换之非计。其国民又组织对外同志会，要求政府径促俄国撤兵。如俄国不听，即与开战，而政府犹迟迟勿行，未能全忘情于满韩交换之论也。

就近年所发现关于日俄战争之史料观之，当时俄国士大夫对于远东问题之主张亦分两派：一主急进，一主缓和。急进派领袖为关东总督亚历塞夫Alexiev及俄皇之枢密参赞State-Couneillor倍索白拉索夫Bezobrazoff。而缓和派领袖则陆军大臣苦鲁伯坚General Kuropatkin也。倍索白拉索夫颇得俄皇信任。因其经营采木公司于东方，为谋该公司利益之扩张，力主积极侵略满韩。与亚历塞夫暗相呼应。而苦鲁伯坚，则因战略关系，主张慎重。苦鲁伯坚就任陆军大臣以后，检查全国军力，觉俄国在远东，一时尚不能与日本开战。据其估计，若一旦用兵，日本方面可调动之军队约有40万人。数日之内，即可以半数渡海作战，而立刻加入前线者总在7师以上。而俄国当时驻远东之军队，自海参崴，沿铁路线直达旅顺，全数不过8万人。俄国国内军队虽多，然因西伯利亚铁道尚未完全筑成，运至远东作战，必须极长时间。"远水不能救近火"，必为日本所乘无疑。外交之进展与军事之准备，必须互相援应，而后可以收功。今外交之进展过速，军事之准备虽努力追随，终望尘莫及。倘使战事爆发，俄军必多不利。是以苦鲁伯坚力阻急进政策。彼以为此时俄人不但不应干预朝鲜之政事，即朝鲜之商业亦宜暂行放弃，盖经济上利害之冲突，亦恐引起战祸也参看苦鲁伯坚所著The Russian Army and Japanese War第一卷第73页、第123页及第二卷第26页。A.B.Lindsay英译本。

俄国陆军大臣之见地虽如此，而枢密参赞倍索白拉索夫之意见则不然。倍索白拉索夫注重商业之利益与经济之侵略，对于满韩丝毫不肯放松。1896年以后，俄商以"辅助朝鲜抵抗日本"为名，取得北韩之森林采伐权，得于鸭绿、图们两江之左岸经营林业。继复于1902年得中国同等之承认，准其在上述两江之右岸伐木。于是组织大规模之采木公司，以倍索白拉索夫为督办，参谋本部要员麦橘托夫Lt.Colonel Madritoff为经理。据日人调查，俄皇及俄京贵人多为该公司股东，即关东总督亚历塞夫亦与该公司有经济上之关系。公司所采之木皆由鸭绿江运至大连，锯成材料，分销各处。于是在大连设一极大之锯木厂。更以巨款建筑商场船埠，使成商业之中心。再进一步，乃移军费以经营大连。大连商场之建筑日益宏丽，而旅顺之防御工程转因经费之减缩，迟迟不能完成。且大连为一自由商港，全无防御工作，一旦日本来攻，丝毫不能抵抗，大连若失，旅顺亦必受其牵动。大连之商业愈发达，俄人不肯放弃满洲之心亦愈坚决。然而旅顺之军事预备费，竟减少三分之二由5600万镑减至1600万镑，致俄国虽有强占满洲之野心，而无保持满洲之实力。

不宁唯是，此采木公司不但移军费以经营商港，且直接干涉军事计划，而以军队拥护其商业之利益。其明显之例，即倍索白拉索夫请调精兵一队驻扎鸭绿江口，以保障其采木之权利。且言一旦与日本开战，此军队可利用鸭绿江天险，以防阻日军之进行。陆军大臣苦鲁伯坚则以为此少数之军队，远驻韩边与大队不能相呼应，必为日本之主力军队所乘，而归于消灭，徒损军威，无补于事，故极力反对之。然以关东总督亚历塞夫力护采木公司之建议，调兵进驻鸭绿江口，竟成事实。

亚历塞夫亦一军事专家也，而其见地与苦鲁伯坚不同。彼既为关东总督，实握远东军事全权，远东舰队亦由其指挥。彼以为俄国舰队足以防阻日军在渤海湾或西朝鲜湾登陆。故日本只能由朝鲜运兵，且须避至俄舰势力不及之处上岸。照此估计，则宣战之后，日本经三星期之久，始能运兵三师至朝鲜；再隔一周，然后可以增运三师；抵朝鲜后，必须半月左右方可攻入满洲。而依庚子年（1900）所得经验，则俄国不难于短期之内，集中10万军队于满洲，故足以与日本对抗。若支持至六个月，则俄国可以14.5万人与日本12.2万人在东清铁路附近交战。

当1903年亚历塞夫受命为关东总督时，苦鲁伯坚即与细商远东军事计划。据亚历塞夫之意见，日俄若竟开战，中国或将助日。其时关外有华兵2万左右，似曾受日本军官之训练，关内更有华兵5万，可以出为后盾。故与日本作战必须同时防止华兵参加。且日本进兵必先占朝鲜，继攻旅顺，故拟定军事之布置如下：（一）以俄兵1.2万驻守旅顺；（二）以俄兵7000防护海参崴；（三）以大部军队分驻满洲各重要地段，一方保卫铁路，一方监视华兵；（四）以精兵1.9万携大炮86尊进驻鸭绿江沿岸，以阻日军之猛进；其余军队则集中于沈阳、辽阳、海口三处，以资策应；（五）一旦开战俄军必须占领营口，以防日军由彼登陆，盖亚历塞夫以为鸭绿江有天险可凭，俄国驻兵必能于此防阻日军之侵入满洲，即使众寡不敌，亦可退守分水岭诸山，以与后方大队相联络；倘日本进攻旅顺，则分水岭之兵可以从侧面攻击，断其归路。

然此种布置，初非苦鲁伯坚所敢深信。故其上俄皇之奏折中，声明俄国在辽东之军备虽有增加；而日本方面之布置亦未尝懈怠。官报中虽得估计日本出战之兵约有步枪12.6万，指挥刀5000，大炮494门；实际决不止此数。当时业有海陆军官各一人密报俄皇，日本常备军虽属有限，而后备兵极多，一旦开战，均可加入前线，日本之战斗力必因之大增，殊非远东所驻俄军所能抵御。惜乎宫廷内外满布主战派之心腹，此种密报竟未使陆军大臣过目；故苦鲁伯坚所言，仅为其个人之估计。然彼业已看破日本海陆军力之骤增，故明告俄皇，驻扎鸭绿江边之俄兵力量单薄，恐遭敌人重兵之袭击；假使俄国舰队不能控制海面，使日本大队得以稳渡，则危险尤甚。盖日本如能将其可用之军队完全送登大陆，则俄国绝无保守南满之希望。苟欲使俄军不为日本零星攻破，则非集中兵力，退驻哈尔滨，以待大队之后援不可。此时旅顺必至孤立无援；而旅顺之防御工程既欠完整，所驻兵力亦不敷用，前途殊无把握。但主战派方极力粉饰本身之弱点，以冀达其雄霸东亚之雄心；苦鲁伯坚之言，竟以等闲置之。陆军大臣不能主持和战之大计，而听群小包围俄皇，亦足征当时俄政之腐败矣。

主战派根本之错误，即亚历塞夫及其僚属过信俄国远东舰队之战斗力，以为决不致败于日本。该舰队之总参谋魏格夫特Admiral Vitgeft. 坚决表示以日俄两国在远东舰队之战斗力相较，俄海军决不致战败；俄海军若不战败，日兵绝无在牛庄或西朝鲜湾中其他海港登岸之希望。亚历塞夫赞许此说，以为东自仁川西至威海卫皆为俄国舰队势力所及之地，日本决不能于此运兵。彼等认定日军只能在仁川以东之朝鲜海岸登陆；由此进至鸭绿江边，须经过200英里以上之长途，其间层峦叠嶂，人迹甚稀，仅有一路，可以通车。此路由仁川，经朝鲜京城至安东，路既狭隘，年久失修，运兵极不便利。再由安东，进窥旅顺，其间复隔170英里。每经大雨，或当融雪之时，南满、北韩之路皆成泥淖，极不易行；人行尚且不易，何况重炮及其他军需品之搬运。照此理想推算，无怪其错认日军不能急切侵入满洲。

俄国海军将佐，但知比较双方舰数及吨数，以定两军海上之战斗力；对于其他重要条件，如军舰之速度、武装之新旧、海港之形势、船员之训练等一概抹杀不问，此为失败之总因。当时俄国在远东之战舰虽多，然真能上前线以充分之力量作战者不过11艘；而日本方面则有14艘之多。俄舰每小时行16.3海里16.3 knots，日舰每小时行18.3海里18.3 knots。俄舰所有超过6英寸口径之炮仅42尊，而日舰则有55尊。俄舰有6英寸口径之炮138尊，日舰则有184尊。俄国在远东只有海军根据地二处，一为海参崴，港中仅有船坞一座，可以容纳大战舰；一为旅顺，则其唯一之船坞实嫌过小，难容战舰之大者，虽有种种扩充之计划，尚未能见诸实行。难日本方面则有海军根据地六处，每处皆有大船坞六七座，可以容纳大战舰，此外尚有鱼雷艇根据地及建有防御工程之海港数处，均可供海军之使用。最不利于俄方者，即日本之海军根据地三处与朝鲜海峡相近，将旅顺与海参崴隔断，使不能互相呼应；加以海参崴天气过寒，每年12月至3月，全港为冰所锁，除用铲冰船冲开一路，军舰不能出入，而俄国战斗力最强之4舰皆定泊于此，冬季开战，何等不便！至于舰员之训练，俄舰人员服务期虽较日舰为长，而俄舰之一部分仅为预备队，每年入大海操练仅20天，其余时间，则均闲泊港中，等于"驻兵之浮家泛宅"floating barracks而已。

俄国海军少佐谢米诺夫Commander Semenoff于所著《功罪录》Rasplata一文中述及关东总督亚历塞夫之态度，颇足表示当时骄兵悍将误国之情形。其言曰：

第五篇 日俄战争

"苟舰长真心爱护其所管之战舰，则舰中虽有极细之缺点，亦不可稍稍忽视。彼应立刻报告长官，亟图补救，以免临阵发生危险，盖最小之缺点每足引起最大之不幸也。然而驻扎旅顺之舰长若照此原则履行其职务，则将被认为'不适宜之属吏'Inconvenient Subordinate，其行为于长官有所不便。盖关东总督极不愿闻彼所管辖之舰队有何缺点。故彼在任一日，各舰长必须于报告中说明舰中一切尽善尽美，以便总督转奏俄皇，彼所统率之舰队准备完整，随时可以作战而克敌奏功也。"Rasplata一文在R.U.S.I.Journal for 1609-1610杂志中发表。

俄国海军之不足恃，已如上文所述，则欲其阻止日本在朝鲜湾一带登陆，事实上效力无多。故亚历塞夫对于日本行军之计划皆不可靠。而俄国驻在远东之陆军，不仅兵力单薄，将校亦复轻敌不肯用命。例如苦鲁伯坚曾训令俄军东路司令官，为集中兵力起见，其部队必须且战且退，一方阻碍日军之猛进，一方仍不可与退后集中之主力军失联络，以免陷于孤危之境。而司令官查苏立General Zasulich声言：曾受圣乔治勋章之武士，但知进战克敌，素无退缩避敌之习惯。苦鲁伯坚亦无如之何。军令不行，安得不败！

俄国驻远东将校虚骄之气愈张，则国内急进派之声势亦愈大。蒙蔽俄皇，粉饰本国之弱点，使朝野皆不知满韩形势之真相，遂造成剑拔弩张，岌岌不可终日之局面。苦鲁伯坚为慎重起见，故亲游日本，以观虚实，于光绪二十九年五月九日（1903年6月12日）抵东京。当时传说不一，有谓其此来系订满韩交换条约者，实则考察形势耳。苦鲁伯坚旋赴旅顺，集俄官，开大会闰五月十二日即阳历7月6日，驻中韩公使、关东总督、道胜银行总理、驻满洲各军之参谋长皆与焉。此次会议，意见初不一致，亚历塞夫等皆主急进，苦鲁伯坚独持异议。及其归国，力主撤兵，不但放弃南满，亦须放弃旅顺见C.Ross: The

Russo-Japanese War第三十八页。作者何所根据，尚待查考。无如苦鲁伯坚甫归，倍索白拉索夫继至，极力向各方游说，推翻放弃满洲之主张。当时俄国要人多与远东实业发生关系，一旦撤兵，与其本身利益不无损害，故均力助倍索白拉索夫，使俄国政府对于陆军大臣之提议重加考虑。其结果不但不撤回驻满洲之军队，且在满洲境内，鸭绿江沿岸，及朝鲜边境极力扩张其经济势力，以与日本争雄。

六月十三日阳历8月5日，俄合阿穆尔及关东省，设极东大总督府，以关东总督亚历塞夫为大总督，得指挥阿穆尔区及关东省之陆军、太平洋之海军。宣战、讲和皆许便宜行事。驻东洋之外交官，皆听命焉。识者早知满韩交换之论之必无成，而日俄之战事，必不可免矣参阅苦鲁伯坚所著《俄国军队与对日战争》一书英文译本，The Russian Army and Japanese War及洛斯Ross所著英文《日俄战史》。

果也，俄人于是时，对韩国提出要求，欲租借龙岩浦，并迫韩履行逾期作废之《森林条约》。韩人以受日、英警告，不敢许。俄人乃强筑炮台于龙岩浦，改其名曰尼古拉。架电线通安东。其挑战之行为，可谓极显著。然日人犹欲与俄和平商略，乃以是岁六月间，命其驻俄公使栗野慎一郎，访俄外务大臣蓝斯都夫，申明"两国在极东之利益，愿协商和平办法"。俄人许之。小村乃制成《协约草案》，命栗野向俄廷提出。

（一）尊重中、韩两国之独立，保全其领土。对于两国之商工业，彼此互守机会均等主义。

（二）俄认日对韩之卓越利益。日认俄对满洲经营铁道之特殊利益。

（三）以不违反第一条为限，日对韩，俄对满洲，不妨碍缔约国之商工业活动，韩国铁路，延长至满洲南部，与中东路及山海关、牛庄铁路相接时，俄不阻碍。

（四）为保护第二条所述之利益，日对韩，俄对满洲派兵时，所派之兵，不得超过实际必要之数。事定即撤。

（五）俄认日对韩改革，有与助言及助力，并含军事上援助之专权。

俄国此时，盖欲使亚历塞夫当此交涉之任。蓝斯都夫乃托言将从俄皇出巡，请由驻日俄使罗善当交涉之任；并请由俄国亦作一提案，与日本所提出之案，同作为交涉基础。日人不得已，许之。八月中旬阳历10月上旬罗善与亚历塞夫会商后，提出对案。其第（一）条，但言尊重韩国之独立，保全其领土。第（二）条，限于不违反第（一）条，承认日在韩之卓越利益。而于日第（五）条之对韩援助，限制之于民政，并删含军事上援助之语。第（三）条，俄承认不阻碍日本在韩之商工营业。限于不违反第一条，不反对日本保护商工营业之行为。第（四）条，对派兵事，亦仅言韩而删满洲。第（五）（六）（七）三条，为俄国自提出者。第（五）条，限日于韩国领土，不为军略上之目的使用。于韩国沿海，不筑有妨自由航行之兵事工程。第（六）条，以北纬三十九度以北韩国之地为中立地。两国军队，皆不得侵入。第（七）条，日认满洲及其沿岸，全在日本利益范围之外。

小村乃提出改革案。于俄提案第（三）条"商工营业"，改为"商工业活动之发达"。"保护商工营业"，改为"保护是等利益"。第（四）条改为向韩派兵，俄认为日本之权利。第（二）条之"民政"，改为"内政"，仍加含军事上援助一语。第（六）条改为满、韩境上，各五十启罗密达。第（七）条全删。改为（甲）俄对满洲，尊重中国之主权，保全其领土。不妨碍日本对满洲之商业自由。（乙）以不反（甲）为限，日认俄在满洲之特殊利益。俄国保护该利益之行为，日认为俄之权利。（丙）韩国铁道延长至鸭绿江时，不妨碍其与满洲铁路之联络。

小村与俄使谈判数次。俄使认关于韩国条件之修正，而关于满洲之条件，终不相下。小村乃更提修正案，承认"日不于韩国沿岸，建筑妨害自由航行之兵事工程"。而要求"日于满，俄于韩，各承认在本国特殊利益范围之外"。又"俄在韩因条约所得商业及居住之权利，日不妨碍。日在中国因条约所得商业及居住之权利及豁免，俄亦不妨碍"，"日认俄在满之特殊利益，并认俄为保护此等利益之必要处分"，而要求"俄亦承认不阻碍日本在韩工商业之活动发达。日为保护此等利益之行为，俄不反对"。又"日为上述目的，向韩派兵时，俄认为日之权利"。余与第一次提案第（一）、第（五）条，及对俄案第（六）条之修正，并删改俄案第（七）条之两项相同。

罗善接此案后，将全文电俄京请命。小村亦命栗野向俄政府申明，"日所要求为正当"。盖日本已视此为最后让步矣。时蓝斯都夫已随俄皇游历法、德而归。栗野往访之。蓝斯都夫乃出以延宕之手段。栗野往访数次，皆不得要领。至十月二十三日阳历12月11日，俄公使忽向小村提出第二次修正案。（一）仍只承认保全韩国之独立及其领土。（二）于日本对韩之援助，仍只认其限于民政；并删军事上援助之语。（三）（四）于日本所要求"俄国承认日在韩之工商业之活动发达；暨保护此等利益之行为；及因此向韩派兵，俄认为日之权利"，俄皆承认之。（五）（六）而仍执俄原提案之第（五）、第（六）两条。于满洲则一字不提。

小村于第（二）、第（五）两条，加以修正。第（六）条全行删除。并申言"满洲置诸约外，万难承认"。

十一月十九日1904年1月4日，俄使复文：于第（二）条之修改，承认日本之要求。（五）、（六）两条，皆仍原文。另提"满洲及其沿岸，日本承认在己国范围之外。但日本或他国，在满洲依条约获得之权利及特权，俄不反对"一条。

交涉至此，业已山穷水尽。于是小村再促俄使反省。俄使不答。两国交涉，遂因停顿而破裂。

第四章　日俄两国战前之形势

语曰："善陈者不战，善战者不败，善败者不亡。"至哉言乎！天下无论何事，其成其败，皆决于未着手之先。一着手，即已无可挽回矣。兵，凶器也；战，危事也；以人之死争胜，蹶而不振，则悔之无及也。故今世战役，无不其难其慎，力求知彼知己者。不独当事之国，即旁观之比较其强弱，而逆度其胜负者，亦无微不至也。今试比较日俄两国，战前之形势如下。

战事之胜败，不独兵也；然战固不能无用兵，故言战争之胜败者，兵事必首及焉。日本之军，为征兵制。民年17至40，皆有服兵役之义务。先充常备兵，其中又分现役及预备；现役，陆军3年，海军4年。预备役，陆军4年又4个月，海军3年。常备役满，退为后备兵5年。再退为补充兵，再退为国民兵。其组织，以师团为最大，合步兵2旅团一旅团分两联队，一联队分三大队，骑兵3中队，炮兵6中队，工兵、辎重兵各2中队而成师团。一师团1.25万人。有近卫师团1，第一至第十二师团12，凡13。共合两师团而称军团，则战时之编制也。13师团之外，有骑兵2旅团，战时为骑兵独立师团；又有野战炮兵六联队，此日本之常备兵也。其数约16万。预备兵：步兵52大队，骑兵17中队，炮兵19中队，其数约5万。后备兵及国民兵，数皆倍于预备兵。故日本全国陆军之数，在40万左右。其政令，掌于陆军大臣。司作战之计划者，则参谋本部也。于东京置中、东、西三部都督。东部都督，辖第一、第二、第七、第八师管区。中部都督，辖第三、第四、第九、第十师管区。西部都督，辖第五、第六、第十一、第十二师管区。

其海军：有一等战舰6，二等战舰3。一等巡洋舰6，二等巡洋舰9，三等巡洋舰7。三等海防舰10。一等炮舰2，二等炮舰14。通报舰4。驱逐舰19。水雷母舰1。水雷艇62。海军现役3.1万余人。其中在各舰者1.6万余人，余在镇守府及各要塞。预备4000余人。后备约2000人。海军之政令，掌于海军大臣。作战之计划，定于海军司令部。海军区分为五：曰横须贺，曰吴，曰佐世保，曰舞鹤，皆设镇守府。惟室兰一区未设。

俄国之制：国民服兵役之期限为23年，自21岁至43岁。其在欧俄，充常备5年，预备役13年，后备5年。在亚洲，则常备7年，预备10年，后备6年。在高加索，则常备3年，预备5年，后备15年。在哥萨克，则常备3年，预备15年，后备5年。陆军编制，以军团为最大。1军团有步兵2师团1师团有2旅团，1旅团有2联队，1联队有4大队，1大队有4中队，1中队有4小队，骑兵1师团，加以炮兵、工兵、筑城兵、电信队、架桥队、铁道队、马匹补给队，合计士官1030人，兵士47653人，马16965匹，炮120门。全国有师团52，分为29军团故有不足2师团之军团，而在东西伯利亚者二。此外又有近卫兵、芬兰兵、哥萨克兵、高加索兵，皆为特别编制。又有补充队、要塞守兵、铁路守备兵等。故俄陆军之数，实甲宇内云战时可扩充至400万。全国分军区53，皆有司令，而直辖于陆军大臣。陆军大臣下有六部：（一）高等军事会议。（二）高等军法会议。（三）参谋本部俄之参谋本部，隶属陆军省，不独立。（四）七监部1.炮兵监，2.工兵监，3.监督监，4.医务监，5.教育监，6.法官监，7.哥萨克兵监。（五）陆军省经理局。（六）监军部。此外骑兵监、射击监，亦隶陆军省。

其海军：有战舰28。一等巡洋舰14，二等巡洋舰13，三等巡洋舰10。海防舰10。一等炮舰4，二等炮舰27。驱逐舰39。水雷母舰10。水雷艇207。将卒凡4万人。海区分为四：曰波罗的海，曰黑海，曰里海，曰太平洋。海军舰队有四：曰波罗的海舰队，曰黑海舰队，曰地中海舰队以属于波罗的海之舰编成，曰太平洋舰队。除黑海舰队，以达达尼尔海峡被封锁，无出海之望外，余皆可作战于东洋者也。海军最高之官曰海军元帅，以皇族任之。海军大臣为之佐。其下有（一）海军本部会议，（二）海军军令部，（三）水路处，（四）舰政处，（五）技术会议，（六）海军高等军法会议，（七）司法处执行高等军法会议议决之事，（八）卫生处，（九）官报房掌理簿册。呈奏之报告书，由其编辑。法令裁可，由其执行，（十）纪录局，（十一）恩给局，（十二）印行局等。各海区皆有军港。分一、二等。一等有司令长官，二等有司令官太平洋海区有军港二：一海参崴，一旅顺也。皆为二等。俄国海军，又分海战、陆战二部。在海称舰队，在陆称海军团。1海军团，自7至15中队1中队150人。1战舰4中队。余各以舰之大小为差。

以上就兵数及兵制言之也。若以兵之优劣论，则据当时之评论，日俄两国，亦互有短长。日兵所受教育较深，其训练亦较勤。故其军队整齐严肃，实不愧为训练节制之师。俄国则军政颇为腐败。军饷既薄，上官又从而克扣之，且役使之。当时驻扎满洲之兵，多有听其自营生业，名在伍而实不在伍者。此等既各自营生，多不愿归营，更无斗志。而军中将卒，亦多不辑。此日之所长，俄之所短一也。日人种族单纯，举国一致。其国民，既富于忠君爱国之心，又承武士道之流风余韵，国小而迫，人人皆有危亡之惧，以故上下一心，军人皆有死不旋踵之概。俄人则种族错杂,国民教育之程度亦较低,多不知国家与己之关系。又以种族之恶感,政治思想之不同,有不愿为国家效力者。故其师多而斗志不逮。此日之所长,俄之所短二也。日人举动,类多敏捷活泼。俄兵则较重滞。此日之所长,俄之所短三也。日人生活程度较低,行军时求得供给较易。俄人则非面包不食,非肉不饱,行军时求供给较难。此日之所长,俄之所短四也。然俄人体格魁梧,膂力强健;又生长大陆,不畏酷寒。日人则躯干较小,体力亦不逮俄人,岛国之气候较优,使与俄军周旋于满韩,殊觉其相形而见绌。此俄之所长,而日之所短一也。俄国马队,多而且良,以之驰驱于大陆,实为一种特色。日兵则远弗逮。此俄之所长,日之所短二也。日人虽敏捷活泼,而以性情粗朴,欲望简单论,则不如俄人。凡性情粗朴,欲望简单之兵,最易骗使。脱遭挫折,但能以术鼓励之,使之再振亦易。兵之智者,则与是相反。此俄之所长,日之所短三也。若以兵数论,则俄十倍于日而不止,其优劣尤不待言也。

语曰:"小固不可以敌大,寡固不可以敌众。"日、俄兵数,相悬若此,而日人竟敢与俄宣战者,何哉?则恃其运输之捷,有非俄人之所能逮者在也。俄国西伯利亚铁路,本系单线。贝加尔湖一段,日俄战时,尚未竣工。其西伯利亚之驻兵,调至满洲,据庚子之经验,为期不过1月许。然在贝加尔湖以东之兵,仅11万,势不能与日敌,则必调用欧洲之兵。而欧洲之兵,非六七十日,不能至奉天。日本则与朝鲜仅一苇之隔;几于朝发而夕至。京釜铁路,又以日俄战前,急速竣工。故其调兵至朝鲜甚捷。即赴奉天,至多亦不过40日耳,故以运输而论,日人实有足弥其兵少之阙憾,而俄之众,亦有非旦夕所能用之者。此日本所以敢悍然与俄开战也。虽然,日本此等计划,固亦有其冒险之处。何者?俄国运输虽迟,然所经皆国内之地。即入中国境内，直至奉天，亦毫无抵抗。或谓满洲住民颇恶俄；所谓马贼，或起而扰其后，亦不过留少数之兵，维护铁路，则足以防之矣。日本则运兵必由海道，苟非敌人海军歼灭，或受巨创，全失其活动之力，则时有被袭击之虞。故其运兵虽捷，而于若干时期内，果能运兵若干至韩，实难确答。若其至奉天，则沿途不能无抵抗，必须且战且进。既且战且进，则不能无所损失；而时日亦愈难确定矣。又日俄此次作战，皆在他国之境。然俄本国距战地甚远，其繁荣之区，距战地尤远。日人即尽据满洲，俄国疆土，仍丝毫未动也。况日必不能尽据满洲乎？日人所能攻击者，惟东海滨省沿岸。然冰期甚长，攻击亦不易。故俄之地势，实可谓进可以战，退可以守。若日则战区离本国较近，兵一败于外，本国即有被迫之虞。而沿海海线甚长，随处可以攻击。即能守御，已属被人封锁，束手待毙，况守御不易乎？故以地势论，日本实处于有进无退之地位者也。故日俄此次之作战，虽恃陆军以决最后之胜负，而海军之所击，实尤巨也。

两国海军之优劣，前已略述其概要矣。今所欲言者，即是时之战争，以战舰为中坚，装甲巡洋舰及装甲炮舰为之辅，驱逐舰以资活动。寻常巡洋舰作战之力已小。至旧式之海防舰等，则大而无当，除用以防御沿海外，几于无所用之矣。海军势力之优劣，实以此等主力舰之多少优劣而决。日俄此次作战于东洋者，日本战舰6，俄7。日本装甲巡洋舰8，俄4。日本装甲炮舰4，俄2。日本驱逐舰19，俄13。以舰数论，日固优于俄。若论其优劣，则方面甚多，一时殆难断定。是时军事学家，有一简便判决之法，以估计其大略，时曰观其"舰龄"。舰龄者，各舰造成年代之多少也，舰力之强，在（一）舰体之完固，（二）行动之敏捷，（三）武器之新式。凡是三者，后成之舰，固必视先造之舰为优。是役，日俄在东洋之军舰，舰龄大抵在10

年以下，惟俄有11年者2。又以速率论，则俄皆在17海里以下，而日有一二在18海里以上。故以在东洋之海军力论，日实优于俄。即以俄人在东洋之舰数而论，亦不如日本当时俄舰调至东洋者：战舰7，一等巡洋舰4，二等巡洋舰6，海防舰2，一等炮舰2，二等炮舰8，驱逐舰13。惟海参崴冰期长，不虑袭击，已述如前；旅顺亦天险，易防守；故俄军舰可多派出。日人海战设不大利，即不能胜。然当时列国论者，多谓日海军之精练，较胜于俄。日人亦云然。又谓俄储煤不足；舰渠不完；舰船操纵之术，亦不及日。

以上所述，日俄二国之兵力，殆各有短长，故胜负之数，当时实无人能为之预决。所能勉言者，则曰"日利速战，俄利持久"而已。此战前兵事之形势也。

财政一端，亦为战事之命脉。财政不足，则不特战事不能持久，即短时间之战事，亦有受其牵制，而至于败绩失据者矣。今试再就两国财政情形比较之如下。

俄国面积，凡56倍于日；其人口，则3倍于日；岁入则7倍于日日本是时之岁入，在2.5亿左右。若是乎，日本之财政，殆远不足与俄敌也。然俄人之财政，实未有以大优于日。以战时之财政，每视其平时基础之稳固与否，以及临时周转之敏活迟滞，及罗掘之难易以为衡。不能以土地面积、人口多少，及平时收入之数为定也。故二国之国力，貌若相差甚远，而二国之财政，则实相伯仲。一言以蔽之，平时尚可敷衍，一临大战，则皆觉其竭蹶而已矣。

日本战事之经验，惟甲午一役。是时预计战时之财政者，自当以甲午之役，为计算之根据。而其结果，则有乐观、悲观二派。悲观派之言曰："中日战时，日本所费之款，凡2亿元。一日支出最多之数，为68万元。日、俄战时，战术已较中日战时为进步。战术愈进步，则所费愈多。故昔之支出68万元者，此时非支出百万元不可。而日俄战争，难期其如中日战争之速了。假令延长至3年，则战费将达10亿。外债固不易募；内债纵能发行，而为数过多，亦足扰乱金融，影响于国民之生业。则惟有出于加税之一途。战时国民负担之力，必不如平时，姑置勿论，即能将全国租税，普加至1倍，只仅得1.3亿耳。当一年之战费，仅及三之一。其将何以支持？"此持悲观论者之说也。乐观论者之计算，则大异于是。彼谓"非常准备金，及特别会计资金，可以借用。事业之已经延宕，及可以延宕者，皆可缓办。又可停还旧债，增募新债。于租税，则择其可增者增之。如是，则不虑取之无途。至于支出，则是时战术，虽较中日战时为进步，而运输亦较中日战时为便利。中日战时，运输之费，殆占战费三之一。运输既经改良，则战费可以大省。故此时之军费，纵不能有减于旧，亦必不致加增。又俄国于战事，亦非有十分持久之力。假定战争期限为1年，军费3亿元，已为无可复加之估计。亦非日本所难办也"。此为持乐观论者之说。二说之孰是，诚难断定。然即为乐观论者之说，已不免捉襟而见肘矣后来实际之支出，并超出悲观论者预计之外。可见战事之不易言。

俄当尼古拉二世时，有一著名之理财家焉。其人为谁？即与李鸿章商定中俄密约之微德是也此约虽订于喀希尼，微德实多有力。微德之受任为财政大臣也，俄之岁入，仅9.6亿卢布。微德加以整理，乃至19亿有余。又发行公债17亿。由是资本大增。筑铁路至7万里。设制铁、造船、造械及他工厂、矿场尤多。不知其实在情形者，鲜不惊其技之神。然一详考之。则其所谓筹款之策者，加税耳，攫茶与糖为官卖耳，民间运输事业，多改为官营耳。盖微德以俄偏于农业，以生货易熟货为不利；急于振兴工业；行之过急，遂忘其力之所能任也。

当日俄战时，俄国债之数，已达120亿法郎。一切官营事业，多虞亏损。铁路尤甚。又纸币甚多，一旦开战，易至下落。故收入之数，俄虽远过于日，而论财政之基础，俄尚不如日之稳固也。俄人之所恃者，法为俄之大债主；俄人破产，于法不利，法不得不维持之。故俄在欧洲募债，较日为易。然设使累战累败，又或战虽胜而金融紊乱过甚，法人能终可俄助与否，亦属可疑。而微德顾大言："日俄若开战，彼能筹出战费14亿。"识者颇为之隐忧矣。

日俄战前，两国军事财政之情形如此。夫军事财政，有形者也。战争之胜败，固不纯视有形之条件而决。即有形之条件，一经开战之后，因战局之利钝，措置之当否，亦有与估计之情形，大相径庭者。然此皆无从逆料；而无形之条件，当战前尤隐伏而不见，而无从预行陈论者也。故此章所论，暂止于此。其余则于日俄战事之评论一章详之。

第五章　日俄战事上

日俄两国交涉之停顿，在1904年1月初旬，即光绪二十九年十一月中旬之末也。十二月十八日，即西历2月6日，日本对俄提出断绝国交公文。命驻俄使臣归国，同时命其舰队出发，袭击俄舰。二十四日西历2月10日，两国遂皆下宣战诏书。

兵法曰："守如处女，出如脱兔。"岂不信哉？日本甲午之役之败我也，以其军事行动之速。甲辰之败俄也亦然。甲午之役，日本以六月十七日1894年7月19日，对我发最后通牒。是日，即命伊东秋亨率联合舰队占安眠岛附近，以为根据地。二十三日阳历25日，我"济远"、"广乙"、"操江"三舰，护送"高升"轮船至朝鲜益师，过于丰岛附近，日军遽发炮攻击。我军出不意，"济远"遁，"广乙"沉，"操江"降，"高升"被击沉。所载兵1200人歼焉。我士气为之大沮，自此不复能益师朝鲜。平壤、鸭绿，所以一败而不可收拾者此也。日本之攻俄也亦然。两国既绝交，其联合舰队司令东乡平八郎即率舰队出发。二十日阳历2月8日，袭击俄舰于旅顺口外，败之。俄舰悉走港内，不敢轻出。翌日，其所分遣之舰队，又击败俄舰于仁川。日本之陆军，遂得稳渡朝鲜矣。

俄人之调度，则较日本少迟。宣战后七日，乃以马哥罗夫为东洋舰队司令。马哥罗夫者，俄人迫日本还辽时，以地中海舰队，东来示威者也。宣战后十一日，以陆军大臣苦鲁伯坚为满洲军总指挥。马哥罗夫以光绪三十年（1904）正月十五日至旅顺阳历3月1日，苦鲁伯金以二月十六日至营口阳历4月11日皆在战事已殷之候。其未到时，代当总指挥之任者，为极东大总督亚历塞夫。当陆军指挥之任者，为极东第一军团司令黎涅威治。拳乱时，统俄兵入直隶者也。当指挥海军之任者，则东洋舰队长官斯陀尔克也。

俄人此时之举动，虽似稍落后，然当与日交涉时，即已陆续调兵于满洲。据当时之调查，俄人在满洲之兵数，实已达4万有余云旅顺，步兵1.12万人，炮兵2081人，工兵878人。金州，步兵2000人。大连，步兵6600人，骑兵918人，炮兵750人。凤凰城，骑兵918人，炮兵80人。辽阳州，步兵1000人，炮兵408人，铁路大队1500人。营口，炮兵248人。奉天，步兵910人。吉林，步兵2200人，骑兵160人，炮兵830人，铁路大队3000人。宁古塔，步兵2200人，炮兵455人。伊通州，骑兵750人。横道河子，铁路大队1500人。巴杨子，骑兵184人。海拉尔，步兵3863人。除齐齐哈尔兵数未详外，以上共44533人。此时日人实落后也。当时论战事者，颇以为是日本危。幸日军之至朝鲜极速，犹能成一日据朝鲜，俄据满洲以作战之形势也。

朝鲜与我接界处为义州，义州之对岸为安东。安东为通商要地；以兵事论，则鸭绿江左岸之形势，当推九连城；而凤凰城其次冲也。日兵既破俄舰，乃使其舰队护送第十二师团，于仁川登岸。正月二十四日阳历3月11日，向平壤，据之。二月十二日阳历3月28日，进据定州。定州者，平壤、义州间之要地；高丽王氏，筑之以御契丹，且控制女真者也。二月十九日，遂进至义州阳历4月4日。时日本又使其近卫师团及第二师团于镇南浦上岸。先一日，亦至义州。于是合三师团为第一军，大将黑木为桢统之，以向辽东。俄人是时之举动，颇为迟滞。日兵至义州时，对岸俄兵，尚未大集。闻日军洊至，乃亟征调，使其第三、第六两师团当前敌。皆俄东方之劲旅也。亚历塞夫欲令其迎头痛击，以挫日兵之锐气云。俄兵主力集于九连城。左翼在水口镇。右翼在安东之东南。日兵夹鸭绿江，与之相持。至三月十二日阳历4月27日，日乃命工兵筑桥，以炮兵掩护之。俄人百计妨害之。而日本工兵，冒险前进。十四夜，三桥俱成。日兵遂渡江。俄人力战，不能御。十六日，九连城遂陷阳历5月1日，是为日俄陆军第一次大战。亚历塞夫闻第三、第六师团之败，为之夺气云。各国观战者，多谓俄人遇劲敌矣。日兵遂向凤凰城。

俄人所据奉天之要地，北则辽、沈，南则旅顺也。日本于第一军渡鸭绿江时，又使其大将奥保巩，率第一、第二、第四师团，为第二军。以三月二十日阳历5月5日，自貔子窝登岸。奥保巩分军为二：以其半守貔子窝、普兰店，以拒俄辽阳援军。而以其半攻金州。金州者，旅顺之后蔽也。其通旅顺之道，有山曰南关岭，形势绝险。其南门外，有山曰扇子山。筑炮台其上。其机关炮，一分钟能发至600响云。守御之固，实有金城汤池之势。俄人尝宣言："日本欲破金州，至速非两月不可。"非逸言也。奥保巩既分兵，转战至金州城下。四月十二晨十一日夜半，阳历5月26日，大雷电以风，继之以甚雨。日兵乘机猛进。工兵以棉火药炸其东南二门，毁之。金州遂陷，而南关岭之守犹固。日人以海军入金州湾，与陆军协力，卒攻克之。遂占柳树屯、青泥洼等处。旅顺之后路绝矣。

时俄总指挥苦鲁伯坚驻兵奉天。苦鲁伯坚之战略，欲集大军数十万于辽、沈，与日人一战而挫之。以俄兵运调较迟，非更数月，不能大集；而日兵届时，必已疲敝；欲徐起而承其敝，以规先败后胜之功也，故不肯浪战，坐视日军之据貔子窝不击。及是，旅顺之形势危急，俄人多主速援者。其参谋本部为所动，乃由俄皇电命苦鲁伯坚出师。苦鲁伯坚不得已，集大兵于得利寺，号称20万。据当时军事学家之计算，谓俄兵之在得利寺者，实不过3万。苦鲁伯坚盖故为是虚声恫吓，冀以寒日人之胆，犹是其不愿浪战之故智云。日人虽明知20万兵之说为虚辞，然恐旷日持久，俄兵之集者渐多，其力渐厚；则旅顺不拔，而金州且危。奥保巩乃留第一师团守金州，而率第二、第四两师团，逆击俄兵于得利寺。五月二日阳历6月15日破之。时苦鲁伯坚驻兵大石桥，辽阳守备颇虚。日兵乃沿铁路而北。八日陷熊岳。二十六日阳历7月9日陷盖平。苦鲁伯坚虑辽阳有失，乃留步兵四师团守大石桥，而自还沈阳。

大石桥者，辽阳之南蔽也。俄人故以重兵守之。四师团外，又佐以炮兵一中队。铁网、地雷遍布。炮兵所据地势尤胜。日人既决取辽、沈、旅顺。乃使乃木希典组织第三军，以攻旅顺。而使奥保巩专攻辽阳。奥保巩之兵，以六月初旬，进攻大石桥。俄兵抵御极力，其炮火尤猛。日兵不得进。日炮兵屡易阵地攻之，皆无效。日人不得已，乃不顾损失，督兵猛进。十二日夜阳历7月24日，日兵苦战，克俄坚垒二。俄人胆落，遂退兵。明日，日兵据大石桥。大石桥既失，营口、海城、牛庄，皆不能守。遂于十四日阳历7月26日及二十一日阳历8月3日相继俱下。自此俄兵无复南下之望，旅顺之救援遂绝。苦鲁伯坚是役，实绝似甲午之役，我宋庆、吴大澂等力战于海、盖、牛庄、营口之间而无功。而俄人自旅顺被封锁后，专恃营口，秘密输入军械，及是，则秘密输入之路亦绝，而辽、沈之形势愈穷。亦绝似甲午之役，辽西战败，而山海关遂孤危云。故得利寺、大石桥两战，实于日俄战役之胜负，大有关系也。

当日本第二军之自貔子窝登岸也，第一军亦向西北进。三月二十一日阳历5月6日陷凤凰城。明日，下宽甸。其正兵遂向摩天岭进。摩天岭者，凤凰城、辽阳间之天险也。甲午之役，依克唐阿以3000人守之，日人屡攻不能得志焉。是役也，日人以六月五日阳历7月17日举兵猛攻，克之。俄人暂退。旋发奇兵夜袭，不克。越数日，复以七联队之兵反攻。以日人接战甚猛，卒不能下而退。二十日阳历8月1日日兵遂进占本溪湖。距辽阳咫尺矣。

初，日人虑第一、二军声援不接，别遣野津道贯，率第十师团，由大孤山登岸，以为策应。时四月初六日阳历5月19日。后遂编为第四军。第四军以四月二十五日阳历6月8日克岫岩，与第一军联络，遂向分水岭前进。分水岭在岫岩之北27里，乃辽阳、海城之侧面也。俄人以三月之功，筑成要塞。以步兵五大队、骑兵二联队守之。有炮18门。其难攻亚于大石桥。日兵以五月十四日阳历6月27日力战克之。六月一日阳历7月13日遂陷析木城。于是一、二、四三军，皆逼辽阳矣。

日本乃以大山岩为满洲军总司令，儿玉源太郎为总参谋，节制诸军。大山岩者，中日战时，以陆军大臣总前敌；儿玉源太郎，则以陆军次官，代之留守者也。大山岩以五月十三日阳历6月26日受命，十八日阳历7月1日启行。先是在满洲诸军，皆受节制于东京之大本营。虽调遣多协机宜，而赴机终不甚捷。至是则旌旗变色矣。儿玉乃划策：以第一军为右翼，出辽阳之东北；第四军为左翼，出其西北；而以第二军攻其正面。以七月十五日前进。俄人亦集全力以守。于要地皆筑坚垒，掘深沟。日兵分途苦战，至二十四日阳历9月3日乃陷驻跸山。驻跸山者，唐太宗征高句丽时驻跸之所，俄阵地之中坚也。日兵力战，乃夺之，易其名为破阵山云。明日，辽阳遂陷。是役也，日兵死伤者至17500人。实开战以来所未有也。

辽阳陷矣，旅顺被封锁矣，满洲之战事，遂可谓告段落乎？未也。大规模之战役，最要者，在摧破敌人之主力军。敌人之主力军，苟未摧破，则小捷虽多，略地虽广，一旦大战败绩，仍不免土崩瓦解耳。俄国西伯利亚铁路，本系单线；贝加尔湖一段，又未竣工，故其运输不能甚捷。辽阳陷后，而西方精锐，始集于东方。计其数，盖达九师团云。于是俄皇以七月二十八日阳历9月7日下"更不得后退"之命。苦鲁伯坚乃编制诸军，分为四队：以第一、第四、第五军团为正军，使名将塞尔巴夫统之，以攻辽阳。而命列威士统第二军团，出辽阳之东南，以断日之归路。以第三军团及其余军为总预备队，以备策应。其意盖欲一举而败日人也。编制既定，集全军而训之，谓"兵力已集，破敌在此一举"云。于是以八月二十日阳历10月2日下总攻击令，反攻辽阳。日人亦分军为三以逆之。自二十五日，开始接战。至九月二日，日兵乃渐得势。又续战四日，日军诸路皆捷。俄兵乃退守浑河北岸。是役也，日兵之死伤者15900人。俄兵遗弃于战场者13000人，死者实4万云。此次反攻之所以无成，（一）以俄兵新至，疲劳未复；（二）以辽左早寒，途中已有积雪，于进攻颇不便也。

然苦鲁伯坚固良将也。其在辽阳也，度势不能守，则下令进攻；于攻势之中，下退却之令，故其兵不纷乱，损失极微。其后反攻虽无成功，而退守之军，仍甚严整。日军不能随而击破之，其主力固可谓犹在也，然日军是时，亦已疲惫；且天气益寒，不利攻击，乃夹浑河休军。而于其间，以全力攻下旅顺见下章。苦鲁伯坚则于其间出奇兵，命新到之骑兵团，犯辽西中立地，以攻牛庄、营口。日人出不意，颇狼狈。旋得援军，拒却之。苦鲁伯坚又命克里伯尔克以兵8万，袭日第一军，败之黑沟台。日人合第二、第三、第八师团往援，乃复其地。是役也，俄军死伤者，几2万焉。日兵之战斗，亦可谓勇矣。然俄兵之至者益多。大山岩谓"不击，将酿成大患"，乃亦续调兵于本国。光绪三十一年（1905），乙巳，岁首1905年2月初旬，新军陆续至。于是两军复大战。是时俄兵之数，步兵38万、骑兵2.6万、炮兵3万、大炮1300门。日本步兵20万，炮兵、工兵、辎重兵合15万，大炮1100门。阵地之长40余里。实开战以后未有之大战也。俄人分军为四：以第三军为中坚，第二军阵其左，第一军居其后，而以第四军为总预备队。日以第四军为中坚，第一军为右翼，第二军为左翼，第三军为最左翼，而以川村所统之第五军，渡鸭绿江新至者为最右翼。布置既定，两军各严阵以俟时。大山岩以第五军新至，锐气方盛，命其先进。于是第五军以正月十六日阳历2月19日向抚顺方面进攻，以抄奉天之背。苦鲁伯坚误为日军主力所在，命总预备队往御之。于是日第一军，以二十四日阳历2月27日渡沙河东北趋，以为第五军之应援。第二、第四军，同时向正面进攻。又遣第三军出俄军之西北。俄与日正面之军相持，凡10日，胜负不决。第五军亦为俄所拒，不得进。而出西北之军，为俄人所不及料，以二十六日阳历3月1日陷新民，绕出俄军之后方。二月三日阳历3月8日断奉天以北之铁路。俄人至此，知全军形势，已陷于日军包围中，不得已，下令退却。日正面之兵，乘机猛进。至五日，遂陷奉天。其出东北面之军，以先五日陷抚顺，与俄兵相持，至此亦与他军联络云。是役也，日军死伤者4万余。俄军死者2万，伤者11万云。于是俄军形势大坏。苦鲁伯坚辞职。大将李尼维齐代之，整理败兵。日军乘机进据开原、铁岭。俄军一时不能再战，日兵亦无力再进，而满洲地方之陆战，于焉告终矣。

第六章　日俄战事下

两国交战之际，所恃以纵横活动者，果何物哉？曰：海军也。海军能制胜，则本国沿岸，不待设防而自固；而陆军可多输送以击敌。海军不能制胜，则先已立于防御之地位；且必有防不胜防者。故立国于今日，非有海军，必不足以言战，而海军需费，远较陆军为巨，实非贫国所能负担。我国今日，苟欲对外，此其最难之问题也。大陆国且然，何况岛国？夫大陆国而海军不利，不过陆军不能多自海道输送而已。其输送之路，未必遂绝也。岛国如日本者，而海军失败，则其陆军即全不能履敌境。其已抵敌境者，亦救援、接济俱绝，惟有束手待为俘虏耳。岛国四面环海，防守微论不易；即能防守，而岛国土地必小，物资难以供给，是亦束手待毙也。况乎日俄战役，俄国陆军之输送，实较日军为迟。故俄人所最利者，为海战时间之延长，海战苟能延长，则即令失败，而俄人已于其间，将陆军输送、布置完毕，不易犯矣。故日本而欲操胜算，其海军非能破敌，且非破敌甚速不可也。

日本知其如此也，故其于海军，极为注意。国交尚未决裂，其海军即大集于佐世保，以修战备。迨断交公文提出，联合舰队司令东乡平八郎，即以其日，率海军四队出发。命少将瓜生外吉，率第四舰队凡6舰，护送陆军至仁川。而自率第一至第三舰队凡18舰航旅顺。越二日而达。即击俄舰之陈于港外者，败之。伤其司令坐船，并巡洋舰一。时光绪二十九年十二月二十二日也1904年2月8日。明日，正午，日海军又整阵向俄舰攻击。交战逾时，俄舰悉退入港内。是役，两方受损皆微。日舰死4人，伤54人耳。然俄舰自是不敢轻出矣。

亚历塞夫及其僚佐以为东自仁川西至威海卫皆为俄舰势力所及之地，日本舰队决不能于此范围内运兵登陆，此种估计之错误，前已言之。当东乡所率舰队在旅顺附近与俄舰交战之际，瓜生所率舰队即护送陆军直达仁川。仁川原有日本三等巡洋舰"千代田"碇泊，知第四舰队之来，即迎导入港，其时亦为阴历十二月二十二日。仁川方面虽有俄国二等巡洋舰"瓦里雅克"Variag及小兵船数艘驻彼监视；然以众寡不敌，目睹日军在彼登陆而不能阻。其翌日，日本舰队迫俄舰出港，攻之于八尾岛附近，俄舰受伤，退入港内皆沉。是役日军全胜，无一死伤者，军报既布，士气为之一振。

然俄海军之受创，亦甚细微耳。日本陆军之输送，固犹在危境也。俄国舰队，势力与日略等。欲一举而歼灭之，必不可得。日人乃分命上村彦之丞，率第二联合舰队，从事警戒。而命东乡平八郎，以全力对付旅顺。

旅顺，天险也。陆路既不易攻，海口尤形险要。欲一举而攻克之，亦必不可得。东乡乃决行封锁之策，谋锢俄舰于港内，以保日军在海上之安全。光绪三十年（1904）正月十九日阳历2月24日以闭塞舰5，招决死将卒79人，乘夜前进。俄人以探海灯照射，日兵目眩，迷其进路。俄兵又发炮猛击，弹如雨下。然日兵卒不屈，五舰皆进至港口，破坏沉没。决死队死1人，伤3人。是役虽达到港口，然以方向之误，俄军仍得自由出入。日兵乃于二月十九日阳历3月27日，再以舰4、士65人，前往封锁。距港口二海里，俄人始知之，发炮猛攻。日舰冒险入港，爆沉其船。是役，日兵死者4人，伤者9人。其指挥官中佐广獭武夫，为俄炮所中，惟余片肉如钱大在舰内，全身悉飞入海。死事最烈。日人尊为军神，为铸铜像焉。然闭塞之目的，仍未全达。

当战争紧急时俄关东总督亚历塞夫亲驻旅顺禁止舰队出港击敌，故日舰在海上行动非常自由，及马哥罗夫Makárov奉命代司打克Statck为舰队司令，全军精神为之一振。于是俄舰一变其退守潜伏之旧态，每日出港游弋，以与日舰争雄于海上。不幸变生意外竟使马哥罗夫赍恨而没。盖日本舰队于阳历4月12日深夜阴历二月二十七晚间在旅顺口外敷设电机水雷无数；翌晨使巡洋舰数艘出没旅顺附近，以诱俄舰来攻。马哥罗夫果率数舰出港追逐，竟平安越过日人敷设水雷之海面。旋与东乡平八郎所率大队战舰相遇，始回驶归港，重经设有水雷之海面，其旗舰"沛错帕洛斯克"Petropavlovsk被炸沉没。马哥罗夫及舰员600人均及于难。尚有俄国战舰一艘虽得入港，亦受重伤。自此以后俄舰复取退守政策，不复于港外活动矣参看《大英百科全书》日俄战争条，暨Sémenov's Rasplata。

日人对于旅顺自行第一次闭塞起至阴历三月十五为止阳历4月底，舰队前后共进攻九次，卒无大功。马哥罗夫虽死，俄海军之实力，终未消灭。日军乃于三月十八日阳历5月3日，决行第三次闭塞。凡闭塞舰8。入港沉没者5；沉于港口者1；又二舰则一触水雷，一损舵机，皆未抵港口而沉。是役也，俄军防御，较前此加严；大炮猛击于上，水雷爆发于前后左右；日舰实处极危之境。又适遇大风，故日军死伤者甚多。其入舰中之决死队，无一生还者。然闭塞之目的，以此而达矣此次闭塞后，俄人以炸药毁其所沉之船。然船内所储铁石等，积水底高逾七尺，无法扫除，旅顺口水深32尺，吃水27尺之汽船，遂不能出入自由矣。闭塞敌港之举，史不多见。或谓实始于1898年光绪二十四年之美西战争。是岁6月3日，美海军大尉何勃嵩，率义勇兵7人，乘运送船"美利马克",向古巴之桑查俄港进航,欲沉没闭塞之。未至港口,已为西军炮火所伤,其船半沉。西军敬其勇,即停炮,派舰救援其人云。当时海军界传为美谈,然以比之日本之闭塞旅顺,则小巫见大巫矣。故知日本之胜亦非偶然也。

闭塞之目的既达,日人乃命片冈七郎率第三舰队,在旅顺附近,从事扫海。以三月二十七日阳历5月12日开始。军舰"宫古"、"初濑"、"吉野"等数艘皆触水雷而沉。四月二十三日阳历6月6日搜得水雷41。二十五日又搜得水雷62。自此继续从事,至三十日而功成。

是时陆路方面,金州已陷。日本乃以乃木希典率第一、第九、第十三师团为第三军,以攻旅顺。舰队则泊于港外,以防俄舰之逸出。五月二日阳历6月15日大雾。日战舰二,触水雷而沉。驱逐艇一,触石而沉。其受损颇巨。

五月五日阳历6月18日俄军秘密准备,拟于数日之内出港突击日本舰队,无如风声泄露,日本方面纷调各方战舰,以备迎战。五月七日清晨8时俄舰队奉命令出港击敌,方升火启碇,而此项命令忽又取消。然旅顺报纸业将命令登出,于是派人四出收没报纸,改排重印。翌晨九时又发命令舰队须于午后2:30出港。此项命令旋又取消。而是日午后2时日本舰队业已出现于港外。俄国方面拨动预埋之水雷导线,欲炸日舰;孰知影响全无,盖所设水雷已被日本先期扫灭净尽矣。是晚双方鱼雷艇在港外互轰,经夜不息。五月九日上午4时俄舰全部出港,向东行驶,下碇于俄方埋伏水雷之界线外,以为可以安稳作战。不料此处日本已另设水雷,幸有一二浮出水面,为俄国舰队所发觉,始知已陷入水雷密布之网罗中。及将水雷扫灭,俄舰始得开入平安之海面,其一切行动早被日本观察明了。俄舰方欲进行,日本巡洋舰多艘已迎头开到,其主要舰队亦相衔而来。盖日本方面已于数日内将海上舰队全数调齐,虽远在海参崴者亦均赶到。即古老之"镇远"舰,亦加入战线。似此情形,俄舰袭击之计划完全揭穿,则有退回港中,坚守不出矣。

陆军方面,乃木之兵以五月十三日阳历6月16日占歪头山及剑山。转战而前,至六月十一日阳历7月13日距旅顺仅10余里。俄人知困守非计,乃为困兽之斗,二十九日阳历8月10日俄战舰6、装甲巡洋舰1、巡洋舰4、驱逐舰8,相衔而出旅顺。日以战舰6、装甲巡洋舰4、巡洋舰7,遮其路而击之。萃全力以攻其主力舰。俄舰败绩,遁还港内者半。散走库页、芝罘、胶州湾、上海、西贡者亦半。于是旅顺舰队,零落不能成军矣。

当旅顺被围时,海参崴舰队出没海上,避实击虚,颇为日人之患。先是上村彦之丞,于正月十八日阳历2月3日以舰7,进攻海参崴。时方严寒,日舰凿冰而进,以二十一日抵港口,加以炮击。俄舰及炮台皆不应战。日兵无功而还。旋其商船"奈古浦丸"、"繁荣丸",皆为俄舰所击沉。三月初,上村拟再进攻,集舰队于元山津。以八日阳历4月23日出发。遇大雾,不能进而还。而日舰"金州丸"运兵至利原者,又以十日为俄舰击沉于新浦矣。五月二日阳历6月15日,俄又击沉日陆军输送船"和永丸"、"当陆丸"于对马海峡。越三日,袭击北海道。十七日,袭击元山津。日人皆颇受损害。上村舰队以五月六日,奉命搜索。凡四昼夜,无寸功。七月四日阳历8月14日,乃忽与俄舰相遇于蔚山。上村急下令奋击。沉其战舰1,他舰之被毁者3。海参崴舰队,自此受巨创,不复能出,海上权全握于日本之手矣。

旅顺至此,可谓已陷于势孤援绝之境。然兵精械良,地势又险,仍有猛虎负嵎之概。乃木希典以七月中旬阳历8月下旬,行第一次总攻击,不克。九月十一日阳历10月19日,行第二次总攻击。十八日,又行第三次总攻击，仍无功。而士死者多，力竭不能复进。乃续调第七师团为援。十月二十日阳历11月26日，第七师团既至，复行第四次总攻击。至二十九日，乃占203高地。自此可俯击港内残舰。而舰队亦发炮助之，以攻陆地。十一月十二日阳历12月18日，日兵占东鸡冠山。二十二日，占二龙山。二十五日，占松树山。明日，即1905年1月1日，占望山炮台。自此可攻击旅顺背面。俄人知不能守，乃降。凡将校878人，士卒23491人，悉为俘虏。获堡垒炮台59所。他战利品无算。俄人所据东洋最良之海军港，遂落于日本之手。

统观俄东洋舰队之海战，虽败绩失据，然较之我国甲午之战，实有差强人意者。我国黄海一败，海军遂不能复出。俄则旅顺舰队虽被封锁，海参崴舰队犹能出没海上，使日人旰食者半年。即旅顺舰队，亦能作困兽之斗，突击以求活路。较诸我国，日军一临，束手待毙，海军提督欲率全舰队突出，而诸将不可；欲自毁其船，而诸将又不可；且鼓动兵士，向提督乞命者，为何如也？旅顺之天险，在我在俄，无以异也。乃其在俄也，日人合海陆军之力，靡无限钱财，掷无限生命，而后夺之。其在我也，则委而去之。既已空无一人，而日兵之前锋，犹不意其去之如是之速而不敢入。呜呼！人之度量相越，岂不远哉？夫海军者，今世国家之所持以自卫者也。国家而无海军，固不足以言战，亦且不足以言守。观于日俄之战役，追念我国海军之已事，真有不寒而栗者矣。

旅顺、海参崴之舰队，皆已歼灭，而波罗的海舰队，犹能为神龙掉尾之斗。虽终败衄，亦诚所谓大国难测者哉。当海参崴舰队之歼也，俄皇下令：以波罗的海舰队为第二太平洋舰队。舰数凡47。中将罗哲斯德威斯克率之。以八月二日阳历9月11日，自波罗的海出发。于是俄人命其黑海舰队，于十月间，破1856年之《柏林条约》咸丰六年

（1856），通过达达尼尔海峡。英人亦集中地中海舰队，且设备于直布罗陀海峡以防之。又迫土耳其政府，严行抗议。自此至甲辰岁杪，俄舰又通过达达尼尔海峡者三次。然终不敢公然以大队航行。黑海舰队，遂不得与于战事。旅顺之陷也，俄人以波罗的海余舰，为第三太平洋舰队，命少将尼波葛多福，率以东航。尼波葛多福以光绪三十一年正月十四日1905年2月17日出发。两次舰队，皆以苏伊士运河为英人所掌握，恐遭其妨碍；且恐英人予日便利，使日海军据红海袭击，故皆不敢航行苏伊士。乃绕好望角而东，集中于法领之马达加斯加岛。第二舰队，以二月二十三日阳历4月8日过马六甲海峡。二十九日入法领安南之西贡湾。日人向法严重抗议。法人促俄舰退出。俄舰不得已，避入西贡北270海里之汉拔而湾。以其地外国船舶至者甚少，可以避人耳目也。四月六日阳历5月9日，第三舰队追踪而至，与之合。日人又向法严提抗议。俄人乃谋入海参崴。先分队游弋黄海。日将东乡平八郎，知俄舰必由对马海峡而北，先设伏以待之。二十四日阳历5月27日，俄战舰8、巡洋舰5、海防舰3、驱逐舰9、假装巡洋舰1、特务船6、病院船2，果相衔至。日人以战舰5、巡洋舰18、海防舰1、驱逐舰20、水雷艇67，要而击之。接战未及半时，俄舰遽散乱。日本又集其主力舰于郁林岛附近，夜攻之。俄军遂大败。向晓，罗哲斯德威斯克及尼波葛多福皆降。是役也，俄战舰沉者6，被俘者2。巡洋舰沉者4，遁走者5。海防舰沉者1，被俘者1。驱逐舰沉者5，被俘者1，遁去者3。日失水雷艇3耳。波罗的海系内海，其舰员不习大海之风涛，故其举动不能如日兵之镇静，此为俄军致败之主因。然兵士皆经历长途，锐气尽挫，亦其原因之大者也。日人于此役，得英国之助力，盖不少矣。

东洋舰队既灭，波罗的海舰队虽来，亦似无能为。然俄人必遣之东航；而日人于对马海战以前，日惴惴于此役之胜负；而当战时，东乡司令且发"皇国兴替，在此一举，将士各宜努力"之命者。日本是时，可调发之陆军已竭，而俄国则尚有续调之力。设使此次海战而不能全胜，万一俄人续调陆军，更为旷日持久之计，则最后之胜负，尚难预测也。至波罗的海舰队既败，则俄人更无危及日本之力矣。故议和之调停，遂乘之而起。

第七章　日俄和议

战争必终于议和，人之所知也。战事胜利者，和议亦必胜利，亦理之常也。乃有胜于战争，而败于和议者。君子观于此，而知外交之变幻不常，而知战事之非可易言矣。

日俄和议，发轫于光绪三十一年五月十一日，即1905年6月9日。是日也，美总统罗斯福始以"谋人类幸福，终止战事，由两国直接讲和"之议，向两国提出劝告。两国皆许之。日本初以伊藤博文为全权，已而代以外务大臣小村寿太郎，驻美公使高平副之。俄初以驻罗马公使谟拉比夫为全权，已而有疾，代以内务大臣微德，驻美公使罗善副之。议和之地，俄初欲在巴黎，日本不可。以法为俄同盟国；欧洲舆论，是时又颇袒俄也。乃改在华盛顿。已而以属耳目者众，移于其附近之朴茨茅斯岛。

小村以六月二十六日阳历7月28日至美。微德以七月二日阳历8月2日至。小村在途时，日本发兵占库页岛，盖为要求割让计也。微德至美，即宣言"俄所失者，皆羁縻之地，无与安危。日人所要求，若于俄国国威有损，俄人决不承认"云。十日，两国全权，为第一次会议。先缔结休战条约，然后提出条件。小村所提出之条件案如下：

（一）俄国赔偿日本军费。其数及赔偿之时期、方法，由两国同意协定。

（二）俄国将库页及其附属岛屿，割让与日。

（三）俄国因辽东租借权所获之领土、领水，及与之关联之一切利益，与俄国所建房屋等，均让与日本。

（四）俄国定期撤退在满洲之军队。又俄国侵害中国主权，妨害机会均等之一切领土上利益，与优先让与等权利，均行抛弃。

（五）除辽东租借地外，日本所占满洲土地均交还中国。

（六）中国为发达满洲工商业，谋各国公共利益时，日、俄两国，皆不得加以阻碍。

（七）俄国承认日本对于韩国，有政治上、军事上、经济上之卓绝利益。凡行必要之指导、保护，及监督时，俄国不阻碍干涉。

（八）哈尔滨以南之铁路及附属铁路之一切材料与煤矿等，无条件让与日本。

（九）横贯满洲之铁路，限于以工商业使用为条件，归俄国管有。

（十）遁走中立港之俄舰，作为正常捕获物，交付日本。

（十一）俄国极东之海军力，加以限制。

（十二）日本海、鄂霍次克海、白令海峡之俄领沿岸滨港、河川等地，许日本臣民有渔业权。

微德接受此条件，即颂言："俄为战败国，非被征服国。割地偿金之条件，不能承认。"彼此约八月十二日会见。及期，乃更改条件之次序，逐条磋议。先议第七条，日本对韩之优越权。微德于日本欲在韩境筑塞防守等事，大加反对。又欲将会议记事录，公布于世。小村反对，乃止。其明日，为日曜，停议，又明日，议决对韩问题。旋议第四、第五两条，亦决定。十五日，议第六条，彼此无异议。旋议第二条，不决。改议第三条，即决定。明日，议第八条。俄使以铁路等皆私人所有，反对。旋彼此互让决定。又明日，议第九条。略有争执，旋亦决定。又明日，议第一、第十、第十一三条。争持甚坚，几至破裂。翌日，改议第十二条，亦不决。乃彼此相约，延期至二十三日再议。及期，小村撤回第十、第十一两条，而提出日还库页岛于俄，由俄出金12亿元买收之之议。微德不可，欲决裂。小村复请于二十六日再会一次。微德许之。先二日，微德为文，发表于通信社，言："日人撤回交付逃舰，限制海军两条，而代以12亿元卖却库页岛之议。名为卖却，实则赔款。此议若不撤回，不能认日本有和平之诚意。"二十六日，小村撤回偿金，而求割让库页。微德又拒之。又延期至二十九日，小村提出大让步案，但求割让库页岛之南半。微德乃许之。和议遂成。其条文如下：

（一）日俄两国皇帝陛下，与两国臣民之间，将来当和平亲睦。

（二）俄国承认日本对于韩国，有政治上、军事上及经济上之卓绝利益。日本对于韩国行指导、保护及监理之必要处置时，俄国不阻碍、干涉。但俄国臣民在韩国者，受最惠国臣民之待遇。

两缔约国为避一切误解，于俄韩国境，不为一切军事设置。

（三）日俄两国，互约如下各事：

（甲）辽东半岛租借权效力以外之满洲地域，同时全行撤兵。

（乙）辽东半岛租借地域外，现时日俄两国军队占领之满洲全部，还付中国；全属中国行政。

俄国在满洲，侵害中国主权，及妨碍机会均等主义之领土上利益，又优先及专属之让与等权利，概不得有。

（四）中国因使满洲之商工业发达，为各国共通一般之设置时，日俄两国互不阻碍。

（五）俄国以中国政府之承认，将旅顺、大连及其附近领地、领水之租借权，与关联租借权及组成一部之一切权利、特权及让与，又租借权效力所及地域之一切公共房屋财产,均让与日本。但在该地域内俄国臣民之财产权,受安全之尊重。

(六)俄国以中国政府之承认,将长春,即宽城子、旅顺间之铁路,及其一切支线,并同地方附属一切权利、特权,及财产,与所经营之一切炭坑,无条件让与日本。

(七)日俄两国,于满洲各自之铁道,相约限于商工业之目的经营;决不为军略上之目的经营。但辽东半岛租借地域之铁道,不在此限。

(八)日俄两国,为增进交通运输,且使便宜为目的,使满洲之铁道相接续。另订别约,规定接续业务。

(九)俄国将库页岛北纬五十度以南之半部,及其附近一切岛屿,与该地方内之一切公共房屋、财产之主权,完全让与日本政府。但两国皆不于库页岛及附近岛屿之自领内,建筑堡垒及其他军事上之工作。又相约不为有妨害宗谷海峡及鞑靼海峡自由航行之军事上事件。

(十)割让地域之俄民,愿卖其不动产,退归本国者,听其自由。愿在旧地域居住者,以服从日本法律及管辖权为条件,受完全之保护。不服从者,日本有自由放逐之权。但其财产权,仍受完全尊重。

(十一)俄国许日本臣民,于日本海、鄂霍次克海、白令海之俄领沿岸,有渔业权。

(十二)两国《通商航海条约》,以战争废止。兹以战争前之约为标准,从速缔结新约。

(十三)本条约实施后,两国从速还付一切俘虏。各将俘虏之死亡数,及供给俘虏资费之实额提出。俄国急偿还日本供给俘虏之过多额。

（十四）本条约经两国皇帝批准后，于50日内，日本经法国公使，通告俄国政府。俄国经美国公使，通告日本政府。自双方通告后，本约全体有效力。

（十五）本约英法文各作二通。有误解时，以法文为主。

上述和案之外，另于附约中规定："两缔约国，为保护满洲铁道，于每启罗密达得置守备兵25名。"而日俄之和议，遂于此告成焉。

和约之定也，微德电奏俄皇，谓"日本政府，已全从我皇之所要求"。颇类战胜者之口吻。而各国报纸，或讥日本此次和议，为道德上之大胜利云。消息达东京，日人大愤，遂酿成大暴动之举。

日本报纸，于和约条件，八月二日阳历9月1日始有登载者。多附激烈之论，或谓外交降伏，或欲拒绝批准。明日，纷扰渐起。又明日，激烈之报纸，公然主张暗杀元老及阁员。议员自行集会，通过要求内阁辞职案。六日，开国民大会于日比谷公园。内务省先令警察闭门。群众大怒，攻破之。卒开会，议决："伏阙上书，请天皇勿批准条约。电满洲军，勿停战。"人民夜攻内务署，或爇火焉。警察至，乃驱散之。于是人民与警察格斗，互有死伤。内务大臣辞职。人民又毁国民新闻报馆，以其为政府买收，立论颇袒政府也。是时全国报馆，皆攻击政府。七、八、九三日，东京继续暴动。警察署之毁者，30余所。市内警察出张所，无一存者。警吏皆蛰伏不敢出。俄教堂在东京者被毁。美以为调人故，亦波及焉。又以战争起因，由于中国，欲毁我留学生会馆。我公使请彼政府保护，乃免。东京而外，各地亦风起云涌，如沸如羹。政府以八日颁戒严令于东京附近，增调宪兵，以资镇压。警务总监及东京邮局，皆归卫戍总督管辖。一警察出，以四宪兵夹持之。又颁行《新闻纸杂志取缔规则》，因此停止发行及科罚金者若干家。十日以后，风潮乃渐平息。是变也，人民之死者11人，伤者574，被逮者300余。警察之死者471。其后小村归国，犹恐或有不利，防卫极严，而桂内阁虽有运筹决策战胜之功，卒以议和不厌众望，为不安其位之一因焉。

　　日本此次外交，无论如何平情，总不能谓为不失败。然其失败，实有不能尽咎当事之人者。何也？日本之失败，有三大原因焉。兵力之竭蹶，一也。沙河战时，精锐死伤，即已略尽。现役、预备兵，悉已调集。后备年限，延长至12年。假再续战，且将无以为继矣。财政之竭蹶，二也。日人于宣战后三日，即募国库债券1亿元。后十日，又命人往英、美运动募债。三月二十四日阳历5月9日，借外债1000万于英、美，以关税为抵。四月九日阳历5月23日又募一次公债1亿元。两次公债，皆以国民爱国之心，溢出原额数倍。然国民负担之力，实已告竭。更募外债，则利息必巨，不免举战胜所得，输之外国；且亦恐更无其途也。外交之情势，三也。是时欧洲诸国，议论皆颇袒俄。故俄欲会议于巴黎，而日不可。改于华盛顿，日人犹以其众属耳目而避之。风闻英、美两国，有挟债权以迫日本之意，则更非空言袒助者比矣。夫各国之所以袒俄者何也？非有爱于俄也，抑当战事之初，英美与论，颇偏袒日，亦非有爱于日也，恶俄之独专远东权利云尔。然则日既战胜，则能专远东之权利者，不在俄而在日，其好恶易位固宜。抑人种之感情，亦势所不能免也。日人之战俄，非以其为白人，蹂躏中国之黄人而战之也。然日胜俄败，为白人者，素以"天之骄子，有色人种，莫敢侮予"自命，得毋有兔死狐悲之感乎？此又其所以多袒俄也。有此三原因，和议决裂，自非日本之利。即彼俄国，亦岂真有续战之力哉？困兽犹斗，而况国乎？苟有续战之力，岂肯轻易言和？彼于宣战之明日，即募外债7亿法郎于巴黎。至三月八日，又续募8亿法郎。其负债之额，盖不减于日。以其兵出屡败，续战之胜算，应亦自觉其不易操矣。然俄在欧洲，财政之活动，究较日本为易。其兵数则远较日本为多。又俄国地势，易守难攻，并世无比。以拿破仑之雄略，犹犯攻坚之忌而败，而况日本，距欧俄万里乎？日本是时，兵力尚未到奉天，即到达哈尔滨、满洲里，俄人未尝不可依然负固。日人又将如之何？况日人之兵力，必不能更进取乎？诚欲续战，日本之形势，实有远不如俄者。故或谓"和议之发轫，日人实授意美国出而调停，而伊藤之不任和使，乃知其结果不能满国民之意，而以为规避"云。则其处于不利之地位，毋无怪其然矣。语曰："小敌之坚，大敌之擒也。"徒以国力之不如，国民虽卧薪尝胆，奋起一致以图功，究不免于事倍而功半。吾人于此，盖不能不为日本国民表理解矣。虽然，国力十倍于日本，而本国之事，不免待人解决者则何如？

此次之坚决就和，盖皆出于其内阁及元老。日本代表军阀之内阁，政治上非驴非马之元老，究竟利国祸国，为功为罪？盖不易言。然此次之拂舆情而主和，则不能不服其排众难而定大计。何则？如前所论，苟欲续战，其前途实有不堪设想者在也。设当此时，主持国是者，而亦稍动于感情。或则明知不能不和，而惧以一身当攻击之冲，遂游移而莫决；则迁流所届，必有受其弊者矣。陆逊之拒蜀汉先主于猇亭也，诸将皆欲出战，而逊不许。诸将或孙策时旧人，或公室贵戚，各自矜势，不相听从。逊案剑曰："仆虽书生，受命主上。国家所以屈诸君使相承望者，以仆有寸长，能忍辱负重故也。"忍辱负重，此是国民美德。语曰："有谋人之心而使人知之者危也。"况乎无御敌之力，而徒抚剑疾视乎？景延广10万横磨剑，至竟如何？德之言兵者曰:"政府之难,非在作国民敌忾之心而使之战也,乃在抑其欲亟战之心,而使不轻战。"至哉斯言。

虽然,彼日本国民之所以致憾于其政府者,则亦有由矣。以战时财政之枯竭,国民亦既备尝其况味,自不得不望有赔款以润泽其金融。故议和之初,民间风传有赔款50亿之说。此固远于情实,有识者不应如是测度。然亦足见日本国民,跂望赔款之渴矣。久乃知其说为子虚,犹有补偿给养捕虏费若干万万之说。一旦真相毕露,乃知一文无着,则不免引起金融界之恐惶。一也。库页为日本所已占,国民满拟割取;否则当要俄国以重金赎回。而亦仅得其半,而又一文无着。二也。朝鲜主权一款,各报所传,初甚简略,日人因疑其后所传者为不实。三也。满洲撤兵条件,两国相同。则日在满洲,不占优越地位。撤兵之后,俄在沿边驻兵,与满邻接;日欲运兵满洲,较为困难;则日之形势,反不及俄。四也。日本提出诸条件,无一不放弃者,大失战胜国之面目。五也。有此五因,则日本之忘生舍死,为国家攘患却敌,争生存而增荣光者,军人耳;其外交家,固未能丝毫自效于国,以慰其民矣。此日本国民之所以深憾而不可解邪?虽然,祸福固未易以一端言也。日本报纸,当时尝慰藉其国民曰"胜利不在一途。日本战胜之酬报,不必径取之于俄"云。由今日观之,则斯言验矣。然则俄之战败固幸,日之战胜,亦岂徒也哉?呜呼!

第八章　日俄战事与中国之关系

铜山西崩，洛钟东应；一发牵而全身动，鲁酒薄而邯郸围。以今世界关系之密切，虽相去万里，其影响犹将及于我；况乎两国之作战，本因我而起，而又在我之土地者乎？其不能无与于我者势也。今试述日俄战时我国之情形，及此战事与我国之关系如下：

当日俄战时，我国之舆论，盖多袒日。（一）以俄人侵略之情势已著，而日尚未然。有识者固知日胜俄败，亦不免于以暴易暴。然颇冀以此姑纾目前之患，而徐图自强。其无识者，则直以日为可友；而于一切问题，皆非所计及。与今之指甲国为侵略，则指乙国为可友者相同是则可哀也。又其（一）则由我国历代，对于北族，因屡受其蹂躏，遂引起一种恐怖心。俄人之情势，固与历代所谓北狄者不同。然当时之人，固无此辨别之力。但以为世界上之民族，愈北则愈强；敌之起于北者，必皆可畏而已。又俄人疆域之广，亦足使不明外情者，望而生畏。故我国舆论，向视俄为最大之敌。鸦片战争时，林文忠即有言曰："英法等国，皆不足为中国患。终为中国患者，其俄罗斯乎？"中日战后，有自署瑶琳馆主者，著《中日之战六国皆失算论》谓中、日、英、法、德、美；旋又著《俄国形势酷类强秦说》，谓"达达尼尔及鞑靼两海峡，犹战国时之函谷关。秦以此攻诸侯，诸侯亦以此拒秦。必封锁之，世界乃可无俄患。今中日之战，容俄干与朝鲜、辽东之事，则此藩篱撤矣。影响所及，虽美国或且因太平洋之风云，不能保守其门罗主义之旧,安稳独立于西半球;况欧亚诸国,与俄邻近者乎?"此两论刊于乙未(1895)及丁酉(1897)之《时务报》。一时士林传诵,对俄皆觉其惴惴。至日俄战时,此等见解,犹尚未变。以为日虽可惮,终不若俄,我可先击却其最强者,然后徐图其次强者也。此亦冀日人战胜之一因也当日俄战前,以俄人为不足畏者,惟一严复而已。以当时之人,真知世界情形者甚少,大抵以旧时读史眼光,推测今日事也。

  日俄战前,俄人之所攘夺者,我之权利也。"我纵不能独力御之。然当日俄战时,我以攘斥俄人故,而加入日方。既可表示我非蓄缩受侮者流;而日若胜俄,我国亦不致全受日人之指使;若日为俄败,则我即不加入,东三省亦必非我有也。"此等议论,在当日亦有少数人主张之。然其不能成为事实,则初无待事后而始知。何也?我国之政府,久无实力,焉能为此一鸣惊人之举?至民间之议论,非不虎虎有生气。然亦处士之大言而已。使任规划,即未必有具体之方案。况即有方案,而当时舆论,势力极薄,亦必不动政府之听乎!不宁惟是,我国之外交,处于受动之地位久矣;庚子以后尤甚。苟欲与俄开战,岂能无与他国协商。而当时我国之情形何如乎?以日本言,多一助战之国,似当为其所欢迎。然此特全不知世事之说耳。作战须有作战之实力;当时我之兵力,能助日者几何?至粮食物品之资助,则彼既入我境,固可自由征发矣。一经共同作战,则停战讲和,皆须以两国之同意为之,是日受我牵制而不得自由也。中为俄弱旧矣!沿边数千里,处处可以侵入;海疆数千里,亦处处可以攻击;是无端将战线扩张万余里也。日将分兵助我邪?姑无论无此情理;即彼愿为之,亦势所不及。我无日本为助,则势必败。我败,日即胜,亦变为半胜而非全胜;况乎既曰共同作战,终不能不稍分其力以顾我;则备多而力分；日人本可操胜算者，至此亦将不可保乎？种族之同异，虽非是时国交离合之主因；然感情因此而分厚薄，则终不能免。中日联合以战俄，难保不引起黄人联合以战白人之感想。日人是时，方亟求世界之同情，尤非其所敢出也。职是故，当时不愿我加入者，实以日人为最。至于欧美诸国，虽无此等关系，然其所求于我者，赔款耳，通商之利益耳。战事既兴，我财政必竭蹶，赔款或致不能照付。又我加入，则战争之范围扩大，商务必致大为减色。对俄宣战，固与一概之排外不同。然外人不知我内情，又虑因此而引起我国之盲目地排外；于彼之生命财产皆有妨碍。此其所以亦不愿我加入也。内政及外交上，当时之情势如此。

于是日本公使内田康哉，首先向我国劝告："于日俄战时，守局外中立之例。"又通牒英、美、德、法、奥、意，要求其保证俄国不破坏中国之中立。各国皆赞同之。我遂于光绪三十年正月二日1904年3月13日，向日、俄两国，发出如下之文书：

日俄失和，朝廷均以友邦之故，特重邦交，奉上谕守局外中立之例。所议办理方法，已通饬各省，使之一律遵守。且严命各处地方，监视一切，使保护商民教徒。盛京及兴京，因为陵寝、宫阙所在之地，责成该将军严重守护。东三省所在之城池、官衙、民命、财产，两国均不得损伤。原有之中国军队，彼此不相侵犯。辽河以西，凡俄兵撤退之地，由北洋大臣派兵驻扎。各省边境及外蒙古，均照局外中立之例办理。不使两国军队，稍为侵越。如有闯入界内者，中国自当竭力拦阻，不得视为有乖平和。但满洲外国驻扎军队，尚未撤退各地方，中国因力所不及，恐难实行局外中立之例。然东三省疆土权利，两国无论孰胜孰败，仍归中国自主，不得占据。

两国皆覆牒承认。美国又向日俄两国劝告："划定交战之地，不侵犯满洲行政。"于是三国公认交战之地限于辽河以东，以其西为中立区域。

当国际法未发达时，学者之论，有所谓完全中立、不完全中立者。今则无复此说。既为中立，即须完全。而中立条件中，"不以土地供给两交战国之利用"，实其尤要者也。今也，日俄两国之作战，皆在我国之地，则我国果得谓之中立矣乎？或引英国国际学者之说，谓"弱小中立国之地，时亦有为交战国所占据者。如英俄开战，丹麦中立。英俄或占据其土地，以资利用，丹麦固无可如何。以其无维持中立之实力也"。然彼乃事后之占据，此则划定于事先；彼之占据，纯出强力；我之划地，则由自认，实不得援以为例也。无已，则曰："彼之据我土地而作战，实为我所无可如何；而我对于两国，实未尝有偏袒一国之意思。"以是为中立云尔。虽然，此实为后来开一恶例。日攻青岛之役，即其显著者也。

战事既起，我国沿交战区域之地，屯兵以防两国之侵入。两国侵轶之事，虽时或不免以俄人为多，幸未有大问题发生。及俄人反攻辽阳失败后，出奇兵自辽西中立地侵日。我国不能御。遂以自沟邦子至新民屯之铁道，为中立地与交战地之界。

至于两国战时，或征发我国人民，使服劳役；或则征收其器物，此为无可如何之事。我国民且因此受有损失，外人断不得指此为破坏中立而责我也。当我国宣告中立时，日外部之覆文云：

除俄占领地方之外，日本当与俄国出同样之举措，以尊重贵国之中立。帝国与俄国，以干戈相见，本非出于侵略。若当战局告终，牺牲贵国，借以获得领土，殊非帝国本意。至在贵国领域中，兵马冲要之区，临时有所措置，则一以军事上必要之原因，非敢有损于贵国之主权也。

此所谓无损我国之主权者，衡以纯正之法理，疑问自然甚多。然既许他人作战于我土地，事实上即无可如何。要之许他人作战于我土地，终不免在国际法上，开一极恶之先例耳。

日俄之胜负，既已判明，交战之事实，遂成过去。我国所当汲汲者，则日俄战后，我国当如何措置应付之问题耳。当时国内有力之舆论，凡得三说：

（一）谓日俄战事将毕时，我国宜乘机将《中俄条约》宣告废弃。同时与英交涉，将威海卫收回。俄既战败，其在满洲之权利，终已不能维持，与其转移于日，毋宁交还于中。英据威海，本以防俄旅顺。旅顺既由我收回，威海之占据，即失其目的。况当时威海租借之约，本云与旅顺借约年限相同。在法理上，英实无以为难也。日英方睦，庸不免于联合把持。然俄人嫉妒日英之心，未尝不可利用。至于日本，牺牲数十万人之生命，十余万万之金钱，诚不能令其一无所获。然当由我自主，就无损主权之范围内，与以相当之权利。不可太阿倒持，由彼为政也。此主以机速之外交手段谋解决者。

（二）为中国速与日本交涉之说。此说谓满洲之地，既由日人夺之于俄，断不能无条件还我。既曰有条件，与其俟彼提出，或竟由彼与俄处分，尚不如由我提出之为得。彼之所愿欲，无损于我者，不妨开诚布公，与之协商。与之争持于前，而仍不免放弃于后，尚不如自始即开诚布公之为得也。此主以光明正大之外交手段谋解决者主此说者，多欲援中俄伊犁交涉为前例。

（三）则欲以满洲为一立宪王国，由中国之皇帝兼王之，如奥、匈、瑞、挪之例。此说实受外论之影响。当时外论，有欲以满洲为永世中立地者。"盖满洲之地，利权无限；我国既不能自保，又不克以独力开发，则终不免于各国之攘夺。而以满洲地域之广大，种族之错杂，各种问题之纠纷，设使一听各国自由竞争于其间，将不免成为远东之巴尔干半岛。莫如先由有关系之国，以条约明确保障，使为永世中立之地，庶可化干戈为玉帛也。"外人之论如此。我国人士，采择其意。又以（1）满洲之形势，本可独成一区，欲使之独立发达。（2）我国是时，立宪之论方盛。全国同时举办，势或有所为难，清朝又不免于深闭而固拒。欲先推行之于满洲，观其利弊，而中原可资为借鉴；且先推行之于清朝之故乡，亦可以减少满人之阻力也。此说谋在内政上为一大改革，而在外交上，兼可博得国际之同情，以阻一二国鲸吞蚕食之志者。

以上三说，各有理由。当时政府而有精神，外交而有手段，固亦未尝不可采用。然尸居余气之满洲政府，则何足以语此？亦惟束手以待人之处分而已。迨日俄之和议既开，而外人处分我之时期乃至。

日俄议和时，我国曾以公文照会两国，谓"和约条件，有涉及中国者，非得中国之承认，不能有效"云。日本报纸，颇议我为好强硬之言；又责我不知彼之好意。我国报纸，则反唇讥之曰："我国之权利，皆以软弱而丧失；驯致贻友邦之忧。苟使事事皆守强硬之宗旨，非以赤血、黑铁来者，必不放弃，则所丧失之权利，必不致如今日之多；贻友邦之忧，亦不必如今日之甚也。"又曰："涉及我之条件，当得我之承认，非关好意恶意也。假使日本今日，以好意割让东京于我，不得我之承认，能有效乎？"此等议论，非不言语妙天下，然空言抗议，究何裨于实事哉？日俄条约既成，小村全权，乃更来我国。以十一月二十六日阳历12月10日与我订结《满洲善后协约》如下：

中国政府承认日俄讲和条约第五条、第六条俄国让与日本各项。

日本政府，承认遵行中俄两国缔结之租借地及筑造铁路诸条约。

由此条约，中国遂将前此断送于俄之权利，又断送之于日。案旅大可转租与否，《中俄条约》无明文。然胶州湾、威海卫、广州湾之租借，咸与旅大性质相同。胶约第一章第五条云："德国将来，无论何时，不得将此项由中国借去之地段，转借于别国。"又第三条云："中国政府，将该地施行主权之权利，不自有之，而永借之于德国。"旅约第二条云："租界境内，俄国应享租主之权利。"此"租主之权利"即德约所云"施行主权之权利"也。然则施行主权之权利在彼，主权仍在于我。愿否将施行主权之权利，另行租借与别一人，系属主权之行动；彼安得租借与人？况乎胶约明定不得转租，事同一律，可以援引者邪？然此时则惟有事实问题，安有从容讲论法理之余地。况夫威海借约，与旅大期限相同。旅约苟废，威约效力即随之消灭。狡焉思启封疆以利社稷者，何国蔑有？外交上又生一重困难邪？

《满洲善后协约》又有所谓附约者。其条件如下：

（一）中国政府，于日俄两国军队撤退后，开下列地方为商埠。

（甲）盛京省之凤凰城、辽阳、新民屯、铁岭、通江子、法库门。

（乙）吉林省之长春、吉林、哈尔滨光绪三十三年（1907）五月吉林省正式建制，省会设在吉林，辖区跨今吉、黑两省大部分地区，下设吉长、滨江（哈尔滨）、依兰（三姓）、延吉四道，一直延续到中华民国时期。——编者、宁古塔、珲春、三姓。

（丙）黑龙江省之齐齐哈尔、海拉尔、瑷珲、满洲里。

（二）如俄国允将满洲铁路护卫兵撤退，或中俄两国，另商别项办法；日本之南满守路兵，亦一律照办。又如满洲地方平静，中国能周密保护外人生命财产时，日本亦可与俄国将护路兵撤退。

（六）中国政府允将安东、奉天间军用铁路，仍由日本政府接续经营。改为专运各国商工货物铁路。除运兵归国，耽延12个月不计外，以2年为改良竣工之期。自改良竣工之日起，以15年为限，即至光绪四十九年止。届期，双方请他国评价人一名，妥定该铁路各物件价格，售与中国。至该铁路改良办法，由日本承办人，与中国特派员，妥实商议。

所有办理该路事务，中国政府援照《东清铁路条约》，派员查察、经理。

（七）中日两国政府，为增进交通运输起见，准南满洲铁路，与中国各铁路，接续联络。

（九）已经开埠之营口，暨虽允开埠，尚未开办之安东县、奉天府各地方，划定租界之办法，应由中日两国官员，另行妥商厘订。（十）中国政府，允设一中日合办材木公司，以采伐鸭绿江右岸之森林。（十一）满韩交界陆路通商，彼此以最惠国之例待遇。以上各条款，无一不扩充权利于日俄条约以外。日人谓不乘机谋利，亦未免食言而肥矣。日人于此次战役，所牺牲者诚巨。谓其能丝毫不享权利，夫固情理所必无。然必欲一袭俄人之所为，则未免于以暴易暴。我国政府，何难据理力争，另行提出条件，与之商办？于三省可开放者开放之，主权必不容放弃者坚持之。非徒为我国保权利，亦所以弭争乱之原，而保世界之和平也。而乃束手无策，唯命是从。此则庸懦误国之罪，百口莫能自解者矣。由此条约所生之结果，则日俄两国以长春为界，瓜分我国之铁路，而南满、北满之名词生焉。日本既获得南满，乃得陇望蜀，更垂涎于内蒙，俄人被限于北满，则亡羊补牢，思取偿于蒙、新。于是东蒙之名词，继南满而生；外蒙之交涉，并新疆而起，皆势所必至也。辽东西自古为中国郡县，合关东三省而称为满洲，已觉不词。犹可曰：清当入关以前，据辽东西者亦若干年，而盛京且为其陪都也。若南北满之名词，则亘古未闻。蒙古自古以大漠为界，分漠南漠北。即今所谓内外也。而日人偏自造一东蒙之称，不亦异乎？日人既攫得南满之权利，则事事模仿俄人之所为。光绪三十二年（1906）五月，设立南满洲铁道株式会社资本2亿元。其半出自日本政府，即以铁路及其附属财产充之。又其半，名为听中日两国人入股，实则中国人无一入股者，此即俄人之东清铁路公司。七月，又设立关东州都督府，其权限亦与俄之关东省总督无大出入。而又设总领事于奉天，其权限，与其本国之知事相同，此则变本而加厉者也。满韩铁路连接，为日俄交涉条件之一。日人必欲达此目的，故于日俄战时，赶速造成安奉军用铁路。虽曰为运输计，亦以为交涉地也。我既许其改造，则日本之目的遂达。此路照附约，本应于光绪三十二年（1906）动工。而日人延至宣统元年，始行着手。转以交涉，于六月二十一日，提出最后通牒，径行兴工，开自由行动之恶例。营口、安东、奉天各商埠，由两国派员划定租界，文本明白。乃民国十五年（1926），我国欲撤废奉天"洋土货专照"，日、英、美领事，竟曲解此条，谓奉天府所辖地面，即为商埠范围。岂不异哉？洋土货专照，为光绪三十三年（1907）总税务司所条陈，经税务处批准者。以当时东三省商务未兴，为招徕外商计，领有此项专照者，均可免其重行征税。其章程本云试办。并有"嗣后如有窒碍，仍可变通办理"之语。今东省交通便利，商贾争趋。以有此项专照，故我国所失税款甚多。民国十五年（1926），奉天欲将此项专照撤废，先从事于整理。乃照会各国领事："自是年十一月一日起，领此项专照者，均须注明商埠之名，不得泛指一城一县，如沈阳、安东等类。其有持赴非商埠区域者，即作无效。"日领吉田茂，遽偕英领威尔沁孙，美领索哥敏，向省署抗议，谓"依据满洲附约第九条，奉天府所辖地面即为商埠范围，不得故意缩小。如有所改变，必须两国官员，会同办理"云云。其曲解条文，至于如此，亦可异矣。我国虽力向抗议。然撤销专照之事，卒因此延未实行。陆路关税减轻，为俄人所享之特惠。我国初与外国通商时，不甚计及征税之利益；并以陆路交通不便，特示宽大。今则东北一隅，铁轨四通，实为全国之冠。而犹留此特殊办法，为外人侵略之利器。《九国关税条约》欲以"秉公调剂"四字，裁抑一两国独享之特权，而迁延至今，犹未收效，岂不重可慨邪？陆路通商，始于俄国。咸丰以前之条约，均为无税。光绪七年（1881），收回伊犁，重订《陆路通商章程》。订明"两国边境百里内，为无税区域。俄商运货物至天津、肃州者，照海关税则，三分减一"。其后《东清铁路条约》第十条，及条例第三条，皆规定"中国于铁道交界之地，设立税关。由铁道输出入之货物，照海关税率，三分减一"。铁路竣工之后，中国迄未设立税关。及《满洲善后协约附约》中国许开商埠多处，俄人恐中国在开放之地设立税关，于彼特权有损，乃要求中国协定北满税关章程。三十三年（1907），六月，两国派员议定大纲。明年六月，由吉林交涉局与俄总领事按大纲订立章程。"两国边境各百里内，仍为无税区域。由铁路输入之物，照海关税率，三分减一。其输入东三省者，通过税照海关税率，三分减二。输入内地者，照海关税率，三分减一。"日本援之。于民国二年（1913）五月，由日使伊集院与总税务司安格联，订立《满韩关税减轻协定》，由"满洲输出新义州以外，及由新义州以外输入满洲之货物，皆照海关税率，三分减一。输入满洲之通过税，照海关税率，三分减二"。十一年（1922）一月八日，大总统令："中俄条约及通商章程内规定之三分减一税法，暨免税区域，免税特品各种办法，自本年四月一日起，毋庸继续履行。"我国即知会日本，要求废止《满韩关税减轻协定》。而日本援引《满洲善后协约附约》第九条，谓"英、法在缅、越，亦有减轻关税办法。日本此项权利，系根据最惠国条款而来。只能由九国关税条约，秉公调剂"云。案中法陆路通商系根据光绪十二年（1886）《越南边界通商章程》，十三年（1887）《续订商务专条》。中英滇缅间，则根据光绪二十年（1894）之《续议滇缅界务商务条款》。规定减税之率，各不相等。而要不若日本在满洲所享权利之优，日本在满洲所享减税之利益，实足使他国之货物，无从与之竞争。以他国无从朝鲜输入货物者也。故《九国关税条约》第六条，"规定中国海陆边界，划一征收关税之原则，即予以承认。特别会议，应商定办法，俾该原则得以实行。"即所以对付日本此等特殊利益也。该条约又云："凡因交换局部经济利益，许以关税上之特权，而此特权应行取消者，特别会议得秉公调剂之。"则因我国与英法之约，皆有互惠条款，实与日本无涉也。凡此皆由此约直接所生之恶结果也。其间接所生之结果尚多，不暇备论。请读第九章，便可见其大略。

日俄之战，又有影响于我国之内政者，则立宪之论是也。是役也，日胜而俄败，而日之政体为立宪，俄之政体为专制。我国民方渴望立宪，遂以政体之异，为其致胜负之最大原因。其说确实与否且勿论。而日俄之战，实与我国主张立宪者以极大之奋兴，要求立宪者以有力之口实，则无疑之事实也。于是清廷不能拒，乃有派五大臣出洋考察宪政之举光绪三十一年（1905）六月，其后遂下诏预备立宪。行之不得其道，卒致酿成革命焉。我国政体之改变，原因虽多，而日俄战争亦为悬崖转石中，加以助力之一事，则众所公认也。

第九章　日俄战役之结果及战后情势之变迁

语曰："作始也简，将毕也巨。"岂不然哉？日俄战役，直接之结果，既如前述。至其间接之结果，则推波助澜，至今而未有已也。此事若欲详论，必须别为专书，原非此编所克包举。然读史贵穷其因果。一事也，固不可不知其推迁之所届。今故提挈其大要，俾读者于日俄战役之影响，可以详知；而读他书时，亦可互相参考焉。

日俄战役影响之最大者，则日本一跃而为世界之强国是也。大隈重信者，日本宪政党之首领也。宪政党当日俄战前，即力主与俄开战。方满洲撤兵问题，相持未决时，日本国民组织对俄同志会，促政府与俄宣战，宪政党员与焉。及战事既终，复组织清韩协进会，以便侵略中国及朝鲜。宪政党者，实日本主战最力，而其言论，最足代表日本与俄战争之意思者也。清韩协进会之开会也，大隈演说焉，曰："所谓强国者，则对于世界问题，有发言权而已。夫世界大矣，焉能事事由吾发言？则亦曰：与其国有利害关系之事，必由其容喙而已。东亚者，与日本有利害之关系，且其关系极密切者也，故东亚之事，非得日本发言不可。"又极论扶掖中国，保护朝鲜之法。日人称其言为大隈主义，比诸美之门罗主义云。此主义也，即日人以东洋盟主自居；凡东亚之事，不容不征求彼之意见；而彼且欲把持他国之外交之谓也。彼当欧战之际，出兵以攻青岛，自称维持东亚之平和；力阻我国加入参战；又于参战之后，事事加以干涉者，皆此动机为之也日英攻青岛时，中国亦欲加入，日本力阻。又向英声明："与中国交涉，必先通知日本。"迨中国加入参战时，告知日本。日本谓"加入参战，甚为赞成。但如此大事，不先告彼，甚为遗憾云。"中国非日本之保护国，做事何故须先告日本邪？日本旋向英、俄、法、意交涉，以承认中国加入，要求四国承认彼"接收山东之权利"。我国青岛交涉之终不得直，此事为之也。外交被人把持之害如此。故日俄一役，日本物质上之损失虽巨，而其增进国际上之地位，则不少也。

夫使日本欲包揽把持，而真有意于东洋之和平，犹可说也。乃彼则惟利是图，虽因此破坏东洋之和平，而亦有所不恤。于是日俄两国，始以利害之不相容而战；继以利害之相同而合；继则俄国政变，日本遂思乘此侵略俄国；侵略之不成，乃复欲共同以谋利。此则日俄战争以来，两国国交离合之真相也。

当日俄议和时，微德即以两国在满洲之关系，终不能免，主本合作之旨，与日订立约章合此及日俄战前不欲开战之事观之，微德之为人，真沉可畏已，电奏俄皇。俄皇意在复仇，不许。当日俄战事方殷之际，及其初结束之时，日本方期博得世界之同情，不欲以独占东亚利权之名，为各国所嫉忌，故光绪三十一年（1905）之日英新同盟，三十三年（1907）之日俄协约、日法协约，三十四年（1908）之日美照会，咸以保全中国领土，开放门户为言。然日俄两国之势力，在满洲既日进不已，中国乃思引进英美之势力，以抵制之。于是有借英款筑新法铁路，并延长至齐齐哈尔之议。日人目为南满之平行线，起而反对满洲善后附约订结时，日人要求我国不得筑与南满并行之铁路。记入议事录中。我卒曲从之。但要求我筑自锦州经洮南至齐齐哈尔之铁路，日不反对，记入议事录中。英美闻之，均愿借款承造，并拟延长至瑷珲。俄以与其权利有妨碍也，起而反抗。或曰日人实唆之。于是美人有"满洲铁路中立"之提议。满洲铁路中立者,欲使"各国共同出资,借与中国政府。使中国政府以之买收满洲铁路。外债未还清前,由出资各国共同管理。禁止政治上、军事上之使用。使满洲铁路地带,实际上成为中立"。犹夫"满洲为永世中立国"之志也。日俄至此,均觉其利害与己不相容,遂共同出而抗议。时在宣统元年(1909)。明年,日俄新协约成。约中明言:"维持满洲现状。现状被迫时,两国得互相商议。"盖联合以抗英美也。是为日俄战后复合之始。

  帝国主义之欲,无厌者也。日俄两国既已攫得满韩之权利而瓜分之,其心必不以是为已足。于是日本思进取内蒙古,俄人则思侵略外蒙及新疆。风传日俄订结新协约正约之外,别有密约。俄认日并吞韩国,日认俄在蒙、新方面之行动。证以协约成后,日遂并韩日当与俄开战时,由其驻韩使臣林权助,与韩订立议定书。尚以保障韩国独立及领土完全为言,迨光绪三十一年(1905)之日英新同盟,则但言保障中国之独立及领土完全,而置韩国于不言,即英承认日并韩也。《朴茨茅斯条约》第二条:俄认日在韩之卓绝利益,列强更无执异议者。韩遂于是年成为日之保护国。日俄新协约,以宣统二年五月二十八日,即1910年7月4日发表。是年七月十九日,即阳历8月23日,韩遂合并于日。国之存亡,一任他国外交家之措置,亦可哀矣;俄人对蒙、新方面,遽提出强硬之要求宣统三年正月至二月十八日,即1911年3月18日,以最后通牒致我,以28日为限,其说当不诬也。于是我国仍思引进他国之势力于东三省,以抵制日俄两国。乃有宣统三年(1911)之东三省兴业借款,言明用以振兴东三省之实业,即以东三省各税为抵。由英、美、德、法四国承募。四国知日、俄两国,在东三省之势力,既已深厚;欲排摈之,必起反动,乃主招两国加入,冀谋一共同解决之策。于是四国团变为六国团。借款未成,革命遽起。民国乃继续之,以磋商善后大借款。以争监督财政等条件,美政府命其银团退出,而六国团又变为五国团。卒成2500万镑之大借款。袁世凯利用之以压平赣宁之变。政争激荡,迄今未已。而此借款以盐税为抵押,因许设立盐务稽核所;又许于审计处设稽核外债室,以稽核其用途。开外人监督局部之财政,迄今未能脱除。因外交而影响于内政,其波澜亦可谓壮阔已。而未已也。俄人既因日本密约之容许,而有蒙、新方面之行动。英人亦以日欲并韩故,第二次日英盟约中,删去保障韩国独立之语,而以日本承认英在印度附近之行动为交换。于是有日俄战时,英人派兵入藏之举。其后浸至占据片马。迨宣统三年(1911),俄人既于蒙、新方面,提出强硬之要求,旋煽诱蒙古独立。英人在西藏方面,亦亟图均势,遂保护出奔之达赖。至民国时代,俄对蒙,英对藏之要求,犹始终取一致之步调如俄对外蒙,要求我不驻兵、不殖民。英亦欲强分藏为内外,要求我于外藏不驻兵、不殖民。皆日、俄、英三国,国交离合之为之也。其波澜之壮阔,真可谓匪夷所思矣。是为日俄两国,离而复合,各肆侵略之时代。

迨欧战既起,各国皆无暇东顾,俄国尤窘。日人乘之,对我提出五号二十一条之要求,其中关于满蒙者多款。又乘俄国西方战事之不利,迫之于险。于民国五年(1916),大正登极,俄国派使往贺时,迫其订立密约是为1916年7月3日之密约。后为革命后之俄政府所宣布,承认其在中国之权利利益。两国利益,苟受第三国损害时,当共同防卫。因此宣战,亦当互相援助。则进为攻守同盟矣。盖恐欧战停后,英美等国,对日乘机攫取之权利,加以非难,故预以是抵制之也。此约之徒利于日,俄人非不知之,然迫于情势,无如何也。是为日俄两国,貌合神离,而日本独霸东亚之时代。

曾几何时，霹雳一声，俄国革命是为俄国一大变局，而亦日人所极震惊。初我国与俄订立《东清铁路条约》时，本只许其沿路设警。日俄和约附约，乃有每启罗密达得置守备兵25名一款。俄人借口是条，驻兵至六七万。欧战作后，大都调往西方。日人饵以甘言，谓俄"尽可撤兵。北满及东海滨省沿岸，日人不徒不乘机侵略，且当代为警备"。盖欲使俄尽撤东方守备，则日可相机行事也。然日是时，方以与英同盟故，以协约国之同调自居，势不便与俄翻脸。迨俄国政变，而日人之机会乃至。时则俄、德讲和，作战于前敌之捷克军，逃入西伯利亚。俄人则借武装之德、奥俘虏以制之。各国乃有共同出兵，以援捷克军之议。日人乃思一箭双雕之策，欲并我外蒙、北满之权利而攘之。乘段政府亲日之机，与我成立军事协定。订明"由后贝加尔至阿穆尔省之兵，中由日指挥；由库伦至阿穆尔之兵，日由中指挥"。看似极为平等，实则我安能指挥彼；且兵所经皆我之地，其为不利于我也审矣。于是各国次第出兵，而其所首谋攫夺者，乃在西伯利亚路及中东路。遂由中、俄、英、法、意、美、日七国立一联合铁路委员会在海参崴，将两路置诸管理之下。其后该会技术部长美人斯蒂芬氏，遂有共同管理中东路之议，提出于太平洋会议席上。经我国专使力拒，乃仅为"中国对于该路股东及债权者，应负债务上之责任"之决议。至该会取消后，列国犹照会我国，重提此决议，表明愿与中国共同处置焉。此为我国因俄事所受之损害。至于俄人，其受日之侵略尤甚，日人当时之兵锋，盖曾至伊尔库次克。拥立反苏俄之徒谢苗诺夫Semionnoff于赤塔，卡尔米哥夫Kalmykoff于哈巴罗甫喀。或谓日本当时对于谢苗诺夫及沃木斯克之高尔察克Koltschak皆订有让渡满蒙一切权利之密约云。日人是时，实欲并外蒙、北满及东海滨省，悉据为己有也。

然东方之捷克军，卒不可辅。白党之旧势力，亦决非各国所能维持。1919年岁杪，高尔察克之兵，既已全为苏俄所扫荡；而捷克军亦已出险，各国乃议决撤兵。九年（1920）一月，美兵首先撤退。英、法、意诸国继之。日人独留。四月，尼科来伊佛斯克有戕杀日人之举。日人乘机，发兵占据其地。并占哈巴罗甫喀、海参崴及库页岛北半。俄人谋立远东政府，日人则尽力阻碍之。劫制其所占领之地，不许加入组织。然远东政府卒成立，败谢苗诺夫之兵，恢复赤塔。日人乃复召谢苗诺夫至大连，资以军械。谢苗诺夫遂遣其将恩琴陷库伦。以外蒙为根据地，反对俄国。于是外蒙问题，在中俄间复行引起。先是俄国政变后，外蒙失所凭依，业于1919年11月，取消独立。及是，苏俄屡以外蒙之事，抗议于我。我不能办。苏俄乃复诱外蒙，以1921年3月23日独立。与之共平库伦。1924年5月4日，活佛死，外蒙遂全变为苏俄式之政治。苏俄既与立约，承认其独立于前1921年11月5日。其后与我订立协定，又云认外蒙古为我国领土之一部，且尊重我之主权。其谁欺？欺天乎？俄外交总长翟趣林在执行委员会宣言："认蒙古为中国之一部，其自治权则决不认中国侵犯之。"此等宗旨，与旧俄时代，初无以异，不知协定之言，竟作何解也。此则因日人图略外蒙以害苏俄，而使我国受池鱼之殃者也。

其后苏俄之基础日益巩固，远东共和国，亦与之合并。日人知无复侵略之余地，乃于1925年2月，与俄订约而撤兵。协定第六条：许日本在西伯利亚，有关采矿产，采伐森林，及其他资源之租借权。议定书二：许其租借北库页之石油田，其面积为5090，期限40至50年。并得采伐企业所用之树木，兴办各项便于运输材料及产品之交通事业。而其尤要者，则承认朴茨茅斯之条约，仍为有效。此约为日本取得南满权利之根据也。以上为俄国政变，受日人侵略之时代。

天下事之最可痛心者，莫甚于听他人之协以谋我，尤莫甚于使他人协以谋我。东三省之形势，久成覆水之难收此梁任公在清末语。当时以言之稍激，大为国人所反对。然迄今日，东三省之形势，究如何也？呜呼。所冀者，他国之势力，不相联合；并可互相牵制，容我徐图补救耳。当俄国初革命时，举世欲剿灭之而后快。不徒求一友邦不可得，并欲求一与之通商之国，以暂纾目前之困而不可得。其时愿与我恢复邦交之心盖甚切。使我能开诚布公，与之商办，则各事皆易就范。乃我国受人牵鼻之外交，迟迟吾行，并停止旧俄使领之待遇而有所不敢俄国革命，在1917年3月。我停止旧俄使领之待遇，乃在次年9月。其中旧俄使领，以无所代表之资格，而受我之承认者，两年半也。俄之与我接洽，远在其与日接洽以前；而中俄协定之成，反在日俄订约撤兵之后中俄协定，成于1924年5月31日，按前文所述，应在日俄订约以前。——编者。无怪日俄协商以处置我之局面，依然持续矣。英美两国，当欧战停后，盖亦仍有意于保持东方之均势。故1918年10月，协约国之胜利既定，英使朱尔典，遂首唱中国铁路统一之议其议欲使各国将获得之铁路权，均行交还中国。共同另借新债与中国，俾中国将旧债还清。借以取消各国之势力范围。犹是美人开放门户之旨，及满洲铁路中立之办法也，而美人和之。以交通系所设之铁路协会，竭力反对，议未有成。其后美国发起英、美、日、法四国新银团。日人坚持"满蒙除外"，久之不决。卒由美银行家拉门德氏代表三国银团赴日。议定（一）南满与其现有支路，及（二）吉会，（三）郑家屯、洮南，（四）开原、吉林，（五）吉长，（六）长洮，（七）新奉，（八）四平街、郑家屯诸路，皆不在新银团经营范围之内日本放弃（一）洮热，（二）洮热间某地至海两路，而议乃有成。时1920年5月11日也。是岁9月4日，四国公使通告我以新银团成立。"希望中国早有统一政府，俾银团得将四国政府赞助中国之意旨，表现于实际。"忽忽又七年矣。此七年中，中国若能利用之，满蒙之形势，亦必有以异于今日。乃以政局不定故，一切事皆无从说起。而新银团借款之举，亦遂延搁至今。我无借款之资格，人之急于放款者，不能深相谅而久相待也。于是今年1927年9月，有拉门德赴日之事；而南满洲铁路会社，同时以借外债6000万元闻。时则正值日本向北京之张作霖政府要索东三省筑路之权最紧急之际也。交涉之真相及结果，虽尚未可知，而美人欲投资于我而不得，乃转而与日商略，则形势既可见矣。而同时复有日俄成立某种谅解之说。甚者至谓俄举中东路之管理权，让与日人，而由满铁会社，酬以4000万元，表面作为借款焉。俄人虽力自辩白，然亚洲东北方之地，实非俄人实力所及，前章已言之。彼自革命以来，西伯利亚之富源，且不惜分赠之于日人，而何有于北满？此于彼固无大关系俄人即把持西伯利亚及北满，一时亦无实力经营。日人即得西伯利亚及北满，亦断不能经营之，至能迫害俄人之程度也，然于我则如何？今者报纸所传，日俄如何如何云云，虽亦未敢遽以为信，然其必有协商；其协商必有合而谋我之势，则无疑也。他事我纵不自悔，独不记中俄协定第九条，苏联政府曾允我赎回中东铁路，而于协定签字后一个月内举行之会议中，解决其款额、条件及移交之手续乎？而何以迄今不开也？此亦无与人商办之资格，而迫人使与我之敌合者也。彼日本今日，既以安奉、南满、吉长、吉会诸铁路，联络南满、朝鲜而成一方环矣。其满铁会社，亦既俨如英之东印度公司矣。若复让渡之以俄在北满之权利，辅助之以美人雄厚之资本，岂直为虎傅翼而已。此最近日俄两国，由离而合，而复有协以谋我之形势之真相也。呜呼！予欲无言。

第十章　结论

日俄战役，日以区区三岛而胜，俄以泱泱大国而败，果何故邪？是不可不一评论之。

首言兵力。俄之兵数，固远优于日。然其调度较迟，直至辽阳陷后，陆军之精锐，始大集于奉天。其前此作战之兵力，初未能较日为优也。然此非俄兵之致命伤也。俄之弱点，在于编制之无法，调度之乖方。俄之精兵，本在欧而不在亚俄之骑兵最著名。然哥萨克骑兵，在亚洲者，亦不如其在欧洲者。又其人虽勇悍，而颇愚鲁，反不如日本骑兵之娴于战术也。他种军队，则在亚者尤不如在欧者矣。然俄以防德、奥故，在欧之精兵，终不敢尽行征调。此亦俄军一弱点也。当其战时，集各地之军，加以编制，大抵彼此相杂。故兵将不相习，兵与兵亦不相习；短者未能掩其所短，长者却已失所长；自欧来之兵，又不习东方之地势，遂以致败。或谓俄军之作战，仍以鸭绿江之役第三、第六两师团为最优，盖以其编制纯也。然则俄陆军之失败，陆军当局之从事于编制者，不能辞其责矣。此言其编制之乖方也。至于战略，则日之得策，在于神速，在于缜密，而俄则反之。日自绝交以后，即迅令海军击破俄之舰队，将陆军运至朝鲜。当时俄之陆军，在满洲者，亦已数万。何难迅速前进，与日本争持于平壤之东？乃日军已占据义州，而鸭绿江西岸之俄兵，尚未大集。嗣是若旅顺，若辽阳，无不坐待日之攻击者。《军志》曰："先人有夺人之心。"此役也，日人之调度，固已占一先着矣。俄则亚历塞夫之调度，绝无足观；殊负俄皇之重任。苦鲁伯坚之战略，则专在集重兵以争最后之胜利。其时战事业已受挫，或亦有不得不然之势。然最后之胜利，果有把握乎？俄之精兵，固未悉集；即集，果能驾日兵而上之乎？是最后之大战，亦属孤注之一掷也。为俄人计，于战势不利之中，仍宜设计多取攻势，以牵制日兵之前进。虽未必有功，然日兵之进攻，必不能若是其易。较之徒在奉天、辽阳附近，多筑防御工事者，胜之远矣。虽然，苦鲁伯坚，名将也，岂其见不及此苦氏于此战，能指挥如意者，不过数月。故战事之失败，实不能归咎苦氏？毋乃自审己之军队，精神实力，皆不如敌，故不敢出此策乎？然而日本军队作战之勇敢，计划之周密，概可见矣。

海军之分为四队，实为俄人失策之最大者。俄在东洋，海军之力，固较日本为薄，然合其海军力之全体，则较日本为优。当干涉还辽时，俄之所以慑日者，海军也是时日本之军舰，凡25只，5.46万吨。俄当中日开战时，仅有舰13只，1.67万吨。而至干涉还辽时，则已扩充至23只，5.22万吨。合德、法则有舰80只，24.5万吨。论舰数三倍于日，论吨数四倍于日而强。故日人不敢与争。故当战后，汲汲于扩张东洋舰队。日俄战时，俄人之议论，颇以海军为制敌之要着。日人亦惴惴焉俄人之论，谓"派陆军于东方，不如日本之易。日军苟多，俄军即不得不退。惟有加增东洋舰队，阻日不得登岸；即登岸，亦可绝其后援"。且曰："克里米亚之役，俄多用水雷以防黑海，英法已大受其窘。此时若能多用潜航艇，以袭击日本之运船，日人亦必为之大阻也。"日人之计划，在严守对马海峡，妨害海参崴、旅顺之交通，使俄舰不能纵横海上。并警备台湾海峡，使其西方舰队之东来者，有所顾虑。战事如后来之顺利，非始愿所及也。夫兵凶战危，必先为不可胜之形，乃可以待敌之可胜。使俄当是时，将全国海军之力，合而为一，游弋于太平洋上。日海军虽强，殊觉无用武之地。俄军亦必不致一蹶不振。则日本陆军之运用，不能如后此之自如，战事全局改观矣。失此不图，坐令日人对旅顺、海参崴、波罗的海之舰队，各个击破。而陆军遂不得不以独力御敌；自始至终，海军未能一牵制敌人于海上。此则俄军之最大失策也。苦鲁伯坚评论战役，谓"海军之失败，实为最可痛心之举"，信然。

以上论战事得失，皆摭拾当时军事学家极普通之议论。其稍涉专门者，亦间或散见各报章杂志不多。愧非鄙人所能知，亦非普通读史者所需要，故不复采辑。

战事之得失，大略如此。虽然，战之胜败在兵，而其胜败之原因，则不在于兵也。关于此点，当时海内外，议论甚多。今归纳之，得如下之三事。

（一）日本于此战，迫不得已，俄国则否。俄之所以战者，为侵略属地耳。得之固佳，失之亦无大损。日则一战败，满、韩即尽入敌手。自海参崴至朝鲜，海疆数千里，连成一线，以与日本相对；而更以强大之陆军陈其后。日人亡无日矣。故日于此战，举国一心，义无反顾。俄则国论不一。有所谓文治派者，又有所谓武功派者。武功派中，又有主张经营近东者，有主张经营小亚细亚者，有主张经营极东者。日俄之开战，特经营极东之主战论，偶然胜利耳。其国中不赞成者尚多也与我订结撤兵条约时，虽曰外交上之形势使然，亦由其时文治派未尽失势，不欲用兵极东也。按俄国之侵略，往往出于一两人之野心。不特其国中舆论不赞成，即政府中人，亦有深致反对者。方穆拉维约夫要求我国割让黑龙江北之地时，其外务大臣尼塞劳原反对之。乘其疾，致书中国政府，谓"格尔必齐河上流，境界未定，请派员协定界碑。"时咸丰三年，所谓1853年6月16日俄国枢密院划境文案也。及咸丰五年（1855）九月，我所派划界大员，与穆拉维约夫相会。穆拉维约夫要求以黑龙江为界，我以枢密院文案示之。彼遂无辞。使我能善为因应，旧界固未必不可维持也。即如日俄之战，微德亦始终不赞成。老子曰："抗军相加，哀者胜矣。"天下事惟出于不获已者，其力至大而莫可御。此韩信用兵之术，所以置之死地而后生也。日本当日之情势，几合举国而为背水之阵，此其所以制胜也。大隈重信尝论日俄战事曰："欧洲各国，以联合之力，御俄于巴尔干半岛，限俄于黑海。列国之利害，不能常相一致，其力似强实弱。日以独力御俄于满韩，国是一定，即无更变，其力似弱实强。"

（二）则日本战士之效命，非俄国所及。抗军相加，迫不得已者胜，似矣。然从古亡国败家相随属，当其败亡之时，孰非处于迫不得已之境？为国民者，亦孰愿其国之亡？然而终已不救，则知徒有志愿而无实力终无济于事也。日人则不然。当封建之时，有所谓武士道者，其为人则重然诺，轻生死，抑强扶弱，忠实奉令。又以立国适值天幸，千余年来，未尝被外敌征服；其皇室亦迄未更易，故其忠君爱国之念极强。夫祸福倚伏，事至难言。日人今后，此等褊狭爱国之心，愚鲁忠君之念，或且为其前途之障碍，亦未可知。然在当日，则固足以一战矣"金州丸"之沉，欧洲报纸或议之，谓"国家养成此等将卒，所费不少。一朝自杀，实为极大之损失。不如暂时降敌，徐图自效也"。日报辩之曰："日本于是役，所失者船舰、器械、将卒之身体，所保存者大和魂也。大和魂无价。"俄则种族错杂日俄战时，俄国百人中，斯拉夫人73，土耳其、鞑靼人9，芬兰人5，犹太人3。其余10人，为各种错杂之种族，政治乖离。波兰人，为俄所夷灭者也。犹太人，遭俄之虐杀者也。方且伺隙而图变，岂肯助俄以摧敌。中亚细亚、西伯利亚之民，亦与俄休戚无关。虚无党人，又日以图谋革命为事，于战事之胜败非所计。故当作战之时，日人举国上下，一致对外，俄则芬兰总督被杀矣，内务大臣遇刺矣。图刺俄皇，乘隙举事之说，又日有所闻。极力镇压之不暇，安能如日本政府之举一事，即人民无不协助哉？此又日之所以胜，俄之所以败也。

（三）则日本之政治，较俄国为整饬。吾国先哲，有一治兵、治国之精言焉，曰："能以众整。"盖众而不整，决不足以敌训练节制之敌；而众力既聚，必有所泄，则失败于外者，往往转其向而梗令破坏于内。则本国之秩序，不能维持；对敌之作用，弥以脆弱。此实数见不鲜之事也。日本之于战事，固筹划已久。明治天皇为英武之君主，首相桂太郎、陆军大臣寺内正毅、海军大臣山本权兵卫，皆曾受高等军事教育，富有军事知识者。其余如元老，如政党首领，如银行家，亦莫不通力合作，各效其能日本议院，于开战之前两年，否决海军扩张案。前一年，以弹劾内阁解散。及开战后，召集全国选举，皆极安静。议员开会后，第一次议决临时军费3亿余；第二次扩充至7亿余；其后陆续增至17亿元，皆略加审查，即行通过。其赞助政府，可谓至矣。故其举措，若网在纲，有条不紊。俄则本兵之地，弱点颇多。尼古拉二世，本优柔寡断之人。其祖亚历山大二世为虚无党人所杀，其父亚历山大三世目睹惨状，痛恨虚无党人。侍从武官部沙富赖沙夫起自寒微，为人强力，有心计，能组织忠君党，以密探虚无党人之行为，为所发觉者不少。亚历山大三世甚信任之。尼古拉二世立，亦有宠焉。或谓其人曾在朝鲜组织林矿公司，不愿朝鲜落于日人之手，故主战最力。吾人诚不敢以小人之心度人，然此人实为主战有力之人物，则无疑也。又俄国是时，皇族中有权力者甚多，如陆军元师弥加威尔，步兵大将、彼得堡军管区都督乌拉节弥尔，莫斯科军管区都督柴奇阿斯，海军元帅亚历克斯，于俄皇皆为父行，而皆主战。亚力塞夫尤好功名。部沙富赖沙夫助之，俄皇特以为极东大总督，得节制海陆诸军，北京、东京

第五篇 日俄战争

公使,外交亦遵其指示关于外交,极东总督与外交大臣,权限上颇有疑问也。俄人称为副王焉。惟微德一人不欲战,乃使去藏相而任内务之职。呜呼!天下事之可患者,无过于莫或能必其成,且莫或能保其无患,而上下相欺,莫肯直言。观于俄廷当日唯诺之风,而知其虑患之不周矣。谔谔元老,忠言逆耳;吾谋适不用,勿谓秦无人;微德乎,微德乎,能无太息于绕朝之赠策哉!

以上三端,皆日俄所以胜败之大原因也。俄国之侵略属地也,往往先据其地,而后徐图整理。而其侵略之也,则委任一人,责其后效,而不问其所为。其于中亚细亚,于西伯利亚皆如此。此等手段,用之古代可也;用之今日,则殊不相宜。何则?今世纪殖民政策盛行,大抵殖民所至,即实力所及也。即如满洲、朝鲜,俄国虽鹰瞵虎视,而其实力,实不能与之相副。据战前调查:日人在朝鲜者近3万,而俄人则不及百。日本与朝鲜贸易,年额在千万元内外,俄则不过二三十万元。则其实力,实与日相差甚远。不特此也。俄人对满洲之贸易,本年为入超。并有各国货物,经满洲输入西伯利亚者。自筑中东铁路,乃强输其国之货物以代之。于是日美在满洲之贸易大减。日本当光绪二十六年(1900),输入满洲之货物,为183万。明年,减为142万。二十九年(1903),又减至114万。此等封锁之政策,安得不招人嫉忌?日俄战时,俄人口1.2亿。其中9500万在欧俄,900万在波兰,260万在芬兰,900万在高加索,在西伯利亚者仅570万,中亚细亚者仅770万耳。故为俄计者,当尽力开发其所已得之地,而不必更垂涎于所未得。而旧时侵略所用之手段,亦宜亟改变。即如俄前此委任之总督,其地位,介于中央政府与府县之间,与驻外大使比肩。当交通不便,中央政府鞭长莫及时,用之可也。及其交通发达,指臂相联,其制即成刍狗。故西伯利亚铁路之成,有谓黑龙江总督亦可废者。俄人顾于其时，复设一极东总督，崇其权位，比于副王。主设此等制度，愿居此等地位者，其必贪权喜事之人，不能有益于国审矣。故日人谓"俄人之专制为蒙古式的，其武力亦蒙古式的。日在亚洲，而为欧洲之新式国。俄在欧洲，而为亚洲之旧式国。以日战俄，乃以新战旧，其胜实为理数之必然"云。亦不能谓其说之无理也。

抑予观于日本之已事，而有感不绝于予心者，则日人之爱国，之武勇，皆为世界所罕见，其制胜决非偶然也。请略述其情形，并采摭其逸事，以资观感而备谈助焉。当干涉还辽之后，有一俄人游于日本。憩牛乳肆。见数日童自塾归。与语，爱之，赠以糖果。日童怀之去。已复还，曰："君俄罗斯人乎？"曰："然。"曰："若然，则吾不受君糖果。今兹还辽之役，吾国深受俄国干涉。俄吾仇也，将来当与之战，忍受君糖果乎？"还之而去。俄人大惊，以为日本不可侮也。此事在乙未1895丙申1896间，当时外报载之，吾国报纸，即有译之者似系《时务报》。吾国之人，亦以为谈助而已。恶知实为日本胜俄之远因邪？尼古拉二世之为太子也，游于日。至琵琶湖，乐其风景，谓左右曰："何时得筑离宫于此乎？"左右皆谀之，曰："不出数年耳。"警吏津田左藏通俄语，愤甚，即发枪击俄太子，伤首。幸得愈。日俄战时，俄皇犹以当时头扎绷带之相片，颁发军中，以作士气云。津田虽椎埋乎，其爱国亦可风矣。及战事既开，则日人爱国之行为，尤有悉数难终者。东乡之初塞旅顺也，招决死将卒77，应募者2000余。其后闭塞之事弥艰，而愿往之士益众。末次乃至2万余。攻南山时，俄国炮火猛烈。日炮兵屡易阵地攻之，无效。司令官乃下令猛袭。一联队长闻令，号于众曰："今日之事，吾侪不死，则事不集。愿决死者，皆从我来。"举军无不举手从之者。此犹慷慨捐躯也。"金州丸"之沉也，第三十七联队第九中队步兵百二十人在焉。大尉

第五篇　日俄战争

椎名氏，与他将校，出甲板观敌势。归语众曰："彼优势之海军也，我陆军也，妄动无益。其静以俟死。"众皆泰然，列坐不动。已而俄一士官来，复去。椎名谓众曰："死期至矣！宜呼帝国万岁，从容就死。"语未既，水雷发。船裂，水入。舰众皆立甲板上，大呼帝国万岁，唱联队之歌。已而以束手就死，心有不甘，议决发枪射击。枪突发。俄人大惊。急退其舰，而发大炮水雷沉之。日兵皆从容射击。弹尽，或自杀，或两人相杀，或沉于海。其入海得片板而生者45人。所谓从容就义者非邪？非有勇知方，孰克当此，此以言乎其军队也。至于人民，闻将开战，多退职辍业，求为志愿兵。有检查体格不合而不肯去者。名在预备后备者，70余人，旅于美。召集令不之及。70余人者，不欲幸免，皆弃职归。旧金山之报馆，闻其事而壮之。皆索其照，登诸报端，题曰"赴国难之勇士"。而非战员之所以鼓励其战员者尤至。父送其子，则曰："吾家尚未有死国难者，汝其死于敌，以为家之荣。"未婚妻送其夫，则曰："君若战死，当为君守空房，养父母。若败归，请绝。"新潟县刈羽郡枇杷岛村小林久二郎方合卺，召集令至。即引杯酹新妇，又自酹也，遽去。凡送战士之人，无不祈其战死者。其士战多死不旋踵。岂恶生乐死，皆异于人之情哉？还则无生人之趣，即谓其无生还之路可也。兵士之出征也，有财者往往厚赠其行，或以时存恤其家。工商主人，或给庸值之半，若三之一，四之一。农民之邻里，则结约代耕其田。医者于出征军人之家，自往视其疾，且给以药。示卖者于军人之父母妻子，多减其值。有战死者，全国报纸记其事，载其像。又或悬其像于有关系之地。其尤烈者，则为铸铜像，尊为军神。以其姓名，名其所居之地。又必赡恤其遗族。故其人多慷慨从军，无以家事为忧者。人情莫不念父母，顾妻子，岂其独异于人之情哉？知社会于战死者必不没其劳，而后顾无可忧也。

其尤异者，高松市新町中川虎吉，所蓄仅纸币15元，尽举以供军费。横滨石川伸町大川政宪，年8岁，以父母及叔父所予之款，积至4元3角2分9厘；宇都宫寻常小学校二年级生林祥太郎，储金1元，皆以献。纪伊国边町中野彻辅，年10岁，自开战后，散学则负煎饼卖之，得金1元，以献。香川县木田郡冰上村上田千一，为高松商业学校预备一年级生，以星期日，彻夜造草鞋50双，献于陆军省。神奈川县伊佐卫门，年65，盲10年矣，以造草鞋为业，尽售所积，得金15元，以献。福冈县远贺郡津田甚七之母，年82，造草鞋400双以献。山形县北村山郡西乡村，举村之人，皆戒吸烟，而日纳资1角。此外典田宅，鬻衣服，脱簪珥，捐时计，以助军费者，不可胜数。妇女则缝战衣，囚徒亦增工时。天皇则出宫内之古金银，交银行以为兑换之本。呜呼！以视覆巢将及，而犹日事搜括，备作犹太富人者，何其远邪？何其远邪？日本之战胜，又何怪也？读者闻吾言，且将哗然曰："此帝国主义，此封建思想。"将非笑之，怒骂之矣。吾敢正告今日之士曰：人类之武德，无时而可消灭者也。姑无论今日，尚未至讲信修睦，干戈绝迹之时。即谓已至其时，而人类与天行之战争，终无时而或绝。所以捍御天行，征服天行者，亦人类之武德也。不然，则人类文明将不可保，而或几于息邪？而况今日，距大同之世犹远邪？夫人类之所当垂念者在将来，而其所当慎保者，尤在现在。且无现在，安有将来？即谓有之，而一失现在之地位，有较保持现在，牺牲至十百千万倍，而犹未能恢复者。"我宁山头望廷尉，不能廷尉望山头！""一失足成千古恨，再回头是百年身！"其念之哉！世界大同，人类平等，其理论非不高尚，其志愿非不宏大，然行之自有其程。一误其程，则滋益世界之纠纷。我不自保，而人亦受其弊。慎毋瞩千里而忘其睫，慕虚名而受实祸也。

第五篇 日俄战争

抑更有一言，为当世正告者，则今日帝国主义之国家，谋侵略亚洲东北区者，亟宜自戢其威焰。而吾国亦宜亟图自强。谋自保以御外侮，即所以维持世界之和平也。俄人之侵略东北，其为帝国主义，无待于言。即日之战俄，借口自保，其实又何尝非帝国主义者？自胜俄以来，其所行者，较俄且变本加厉矣。夫日人之侵略东北，其所借口者，曰：待以解决人口问题也。然人口问题，何法不可解决，何必定如今日之所为？1927年，日人对北京之张作霖政府提出要求时，其满铁社长山本氏之言曰："日本人口之增加，年近百万。必自满蒙输入7亿元之原料而后可。满蒙者，吾日人待以解决人口及食粮问题者也。"其言似矣。然韩人屯垦我国者，自昔有之，亦未尝不足以谋口实，而何必如日人，必欲提出土地所有权、租借权等条件；且侨民所至，随以警察何为？平和贸易，吾人岂尝拒绝？而何必如今日之把持铁路，专谋垄断？抑日人有求于满蒙者，将遵两利之道，俾满蒙日益开发，而彼亦得以解决其人口及食粮之问题邪？抑仍如帝国主义之殖民政策，专瘦人以肥己也？由前之说，则吾国内地，人满之患，不下于日。吾人今日，固不必效法美国，拒日人之来；日人亦岂可喧宾夺主，转欲拒吾之往；且绝我故居满洲之民之生路？由后之说，则直自承其为侵略可耳，而何喋喋呫呫为？

盖日本之为国，军国主义之国家也，亦军阀执政之国家也。彼国自古为岛国，故其国民，褊狭的爱国之念甚强。王政复古以前，藩阀本大有势力。维新之业，又成于长萨两藩之手。故两藩在日本，实有大权。日本之海军，握于萨藩人士之手，陆军握于长藩人士之手，此略通日本政情者所能知。日本之民众，未能参与政治；即其所谓政党者，亦有名无实；而惟官僚及所谓元老者，实尸政治之执行与操纵。亦略通日本政情者所能知也。夫元老亦军阀之代表也元老之名，宪法无之。其人居枢密院中。枢密院之职，不过备天皇之咨询。然其人既有资格声望，其言自有效力。事实上内阁更迭之际，天皇恒咨询元老，以定继任之人。故元老不居政治之冲，而实有操纵政治之力。又当光绪三十年（1904），山县内阁，以枢密院令，定海陆军两部，必以现役中将以上之军人长之。1913年，改以预备及退伍之同级军人为限。军人在实际，恒听命于参谋部及海军军人会。组阁者之意见，苟与军人不合，军人无肯出就海陆长之职者，内阁即无由成。既成之后，意见不合，海陆两长辞职，内阁即复瓦解。1912年，西园寺内阁，因不赞成朝鲜增加两师团之策，致阙海陆长而辞职，即其事也。故日本全国之政治，实握于军阀之手者也。夫一种人物，至能独立而成为阀，盖亦非偶然？此必非但顾私利者所能为；彼必略有福国利民之心，亦必颇能举福国利民之实，此观于日本之已事，吾侪决不否认者也。虽然，凡事不可过于其度。过于其度，则向之功德，今遂转而为罪恶。日本今日之军阀，得毋有为其自身之权利势位计者乎？抑诚鉴于国家之情势，而以扩张军备为急也？夫谋国而徒知扩张军备，在识者已议其偏。若略有维持其阶级之心，则推波助澜，更不知其所屈矣。1922年之秋，日本与俄国，方在大连开会议之时，忽有所谓密售军械事件者，初列国在西伯利亚撤兵时，有军械19车，交由日本保管此军械，或曰"实旧俄帝国之物，购自欧美，价约3亿元。因畏德人潜艇袭击，绕道太平洋，运至西伯利亚，然后转入欧俄"，或谓"即捷克军物"，未知孰是。当各国共同出兵时，此项军械，即由各国共同保管。其后各国兵皆退，而日独留，乃即以其事委诸日。当其委托时，由日、法、捷克三国官员，会同封识。及是，忽有军械，由海参崴密运满洲，售诸张作霖。有数起，为税关所发觉。或疑所运即是此械，乃相与启封检验，则械已全空；捷克封识，亦不知何往矣。众皆谓"日军官有意为之，而参谋本部实主其事"。或以质其参谋总长上原氏。上原氏直认不讳，曰："吾将使狄弟里联合张作霖，在日俄之间，建一缓冲国。张作霖所缺为械，狄弟里所缺为粮，吾故使之互相交换云。"狄弟里者，俄国王党，时在海参崴，亦俄旧势力受日本保护者也。且曰："不建此缓冲国，则日本帝国之前途，惟有灭亡，更无他说。"此言一出，列国大哗。即日本国民亦无不异口同声，攻击其军阀者。夫日本此等行为，亦得谓为人口食粮故，不得已而出此者乎？盖日本今日之军阀，其眼光太觉偏于武力，此实其识见不免流于一偏之弊。而无论何等阶级，及其权势既盛，亦无不有维持其阶级之私心，此不期然而然，无可避免者。日本今日，军人之举动，谓其全无增加军界权势及军人利益之心，无论何人，不敢作是语也。国家之政策，贵在统观各方面以审其因应之宜。若举国惟一阶级之马首是瞻，一意孤行，宁免亢龙之悔。远者且勿论。俄人当日俄战前，岂非泱泱大国，专以侵略为志者乎？即日俄战后，宁不亦遗威余烈，炙手可热乎？曾几何时，遂转为他人所侵略，岂非不远之鉴哉？而奈何不远而复者之少也。

欧人之性质，有与吾异者。吾国当内乱之时，恒不暇措意于外侮，以致每为异族所乘。欧人则内乱愈烈之时，民气亦愈奋，愈可利用之以御外侮。法国革命之际，一战而逐普奥，其明证也。俄人亦然。当其国体甫革之时，敌国乘于外，旧党讧于内；土地多被占据，兵财两极困穷，几于不国矣。乃俄人一呼而集农工为兵，4年之间，众至530万俄人之创设红军，事在1918年3月至1921年1月，其数凡530万人。是为苏俄兵数最多之时。此后内乱外患皆平，兵数次第裁减。今常备军只余56.2万而已。以之戡定内难，攘除外敌，再离寒暑，遂奏肤功焉。其力亦足畏矣。凡物不能不随环境而变，其自身亦不能保其无变动。俄人初革命时，尝以选将及议决作战计划之权，畀之军士，已而知其不适用，悉废之。改用旧时军队集中权力之法，将校亦多用旧人。故俄之军队，其性质已潜变矣。此种军队，他日为何种势力所利用，殊未可知。而要之非不可用以侵略者，则断然也。

近人有言曰："满洲者，东方之巴尔干半岛也。"岂不信哉？当日俄战前，美日国交本辑。及战局既终，美人乃转而袒俄。日本所派议和专使小村，深受不良影响而归。美日始交恶。其后以美国下院，通过移民律，禁止日人入美，弥为日人所恶。而美国扩张军备，县夏威夷，据菲律宾，亦为日人所嫉忌。感情本易变之物；国际间之感情，尤常随利害为转移。日美间之感情所以终不得融洽者，实以日俄战后，日本势力骤张，与美在太平洋之权利有冲突故也。日美战争之论，甚嚣尘上，亦有年矣。日本国力与美国相差太远。战争之事，短时间盖难实现。然满洲之权利，日人必欲一手把持，美人未必遂甘放弃。俄国既难与日调和，英人又将与美并驾，则此问题弥以错杂，而其情势滋益纠纷，真将成为东方之巴尔干半岛矣。夫巴尔干半岛则何能为？虽然，今人又有言曰，"满洲者，东方之阿尔萨斯、洛林也。"阿尔萨斯，洛林之已事，稍读世界史者所知也。一阿尔萨斯、洛林，而其推波助澜，贻祸之烈，至于如此，况十倍于阿尔萨斯、洛林者乎？然则丧阿尔萨斯、洛林者固忧，得阿尔萨斯、洛林者，未必遂为福也。

吾非为大言以恐吓欲侵占满洲之人也，吾敢正告世界曰：凡侵略、独占、封锁诸名词，一时见为有利，久之未有不受其弊者。凡谋国者，孰不欲计万年有道之长，而患恒出于其所虑之外。此非人智之所及料也。向者满洲人之入据华夏也，虑其故乡为汉人所移殖，而后无所归；又恐其民与汉人接触，失其强武之风，不能保其征服者之资格，则举满洲而封锁之，凡汉人出关者有禁。又不徒举满洲而封锁之也，乃并蒙古而亦封锁之，凡汉人至蒙古垦荒者亦有禁。而己则貌崇黄教，与结婚姻，以买蒙人之欢心。联结满蒙，以制汉人，实清代惟一之政策，以是为二重之保障也。在清人岂不自谓可高枕而卧乎？即预虑其失败，亦不过曰"汉人膨胀之力，终非满蒙所能御；此等防线，仍为汉人所突破"而已。岂知有所谓"西力东渐"者，自海自陆，两道而来；而满蒙遂为极冲；向者"限民虑边"之政策，适以自贻伊戚，丧其祖宗丘墓之地，而并贻满蒙人以大祸也哉汉人拓殖之力，究非满人所能制限。故清初之禁令，不久遂成具文。其后清廷遂默认其开放；久之，且有官自开放，招汉人前往者矣。然汉民移殖之力，究为所抑制，其速率不免大减也。夫自今日观之，满人封锁之失策，固已洞若观火矣；然在当日，岂能逆睹乎？然则今日封锁满洲之人，安知异日不有出于意料之外之祸，一如西力东渐，为清人之所不及预料哉？故好矜小智者，未有不终成为大愚者也。此则帝国主义者流所宜猛省也。

虽然，我国之人，实有不容以此自恕者。夫我国文化之渐被于东北也亦旧矣！勿吉、室韦，当唐时，非皆我之羁縻州乎？明初，我国势力，实犹达今鄂霍次克海及日本海沿岸。明初所设野人卫，实今吉、黑二省极东之地，亦即清初所服之东海部也。永乐七年（1409），曾设奴儿干都司于今黑龙江口。清光绪十一年（1885），曹廷杰奉命考察西伯利亚东偏，尝于特林地方在庙尔以上250余里，混同江东岸。庙尔者，黑龙江附近之市也，发见明永乐敕建及宣德重修永宁寺碑。皆太监亦失哈，述征服奴儿干及海中苦夷之事。苦夷，即库页也。然则我国盛时，声威不可谓不远。而卒之日蹙百里，不自为政，而贻远东大局以东方巴尔干之忧，能无反省焉而自愧乎？世惟不自有其权利者，乃致丧失其权利，而启他人争夺之端。争权者以强而招祸，丧权者以弱而遭殃，其罪恶异，其为罪恶均也。我国人其深念之哉。

图书在版编目（CIP）数据

中国近代史：全二册 / 吕思勉著 . —长春：吉林人民出版社，2018.4
（吕思勉文集）
ISBN 978-7-206-14819-4

Ⅰ.①中… Ⅱ.①吕… Ⅲ.①中国历史—近代史 Ⅳ.①K25

中国版本图书馆 CIP 数据核字（2018）第 070238 号

中国近代史：全二册

著　　者：	吕思勉
责任编辑：	翁立涛
开　　本：	650mm×960mm　1/16
字　　数：	329 千字
印　　张：	28.5
版　　次：	2018 年 6 月第 1 版
印　　次：	2023 年 5 月第 2 次印刷
出　　版：	吉林人民出版社
印　　刷：	三河市京兰印务有限公司
定　　价：	68.00 元（全二册）

版权所有　侵权必究

如有印装质量问题，请联系发行中心调换。电话：010-86221836